합격을 결정짓는 진짜 요약서   박문각

부동산공법

최성진

박문각 공인중개사
최종요약서

이론 총정리
+
족집게 문제

PREFACE
이 책의 머리말

01 이 책의 특징

❶ 본 최종 핵심정리 내용의 교재는 부동산공법의 방대한 내용에 고민하는 수험생들을 위하여 적은 양으로 쉽게 그리고 반복 정리하여 부동산 공법을 마무리 할 수 있도록 (A+), (B+), (C+)로 중요도를 분류하여 출제가 예상되는 핵심테마 심작 40選을 선정하여 다음의 내용으로 정리하였습니다.

1. (A+)는 반드시 출제되는 논점, 매년 반복기출되는 문제의 내용을 정확하게 분석 정리하여 (A+)만 공부하여도 합격점수가 가능하도록 구성하였습니다.
2. (B+)는 2~4년 한번 기출되는 문제의 내용을 정리하였습니다.
3. (C+)는 가끔씩 기출되는 논점을 정리했습니다. 참고하시면 됩니다.
4. 가장 중요한 key-word는 고딕으로 정리하고 문제를 예상할 수 있도록 핵심내용 아래에 출제 예상내용을 꼼꼼하게 체크하도록 구성하였습니다.
5. 핵심테마 40選에 15년간 기출을 표시하여 중요도를 강조하도록 구성하였습니다.
6. 핵심예상문제는 기출문제의 응용단계를 공부하도록 구성하였습니다.
7. 최근 개정법률을 모두 반영하여 본 시험에 대비하도록 구성하였습니다.

❷ 별책부록으로 시험장에서 꼭 점검해야 할 핵심쟁점 52선과 반복기출되는 숫자를 정리하였습니다. 최대한 반복하시기를 부탁드립니다.

합격공법의 정석 최종핵심마무리 한 권이면 합격 끝!!!!!!

02 여기서 多 나온다...

이 책을 학습하여 공인중개사가 여러분의 새로운 꿈이 더 이상 꿈이 아닌 현실이 되기를 소망하며...

盡人事待天命

– 사람이 제 할일을 다하고 그 결과는 하늘에 맡겨라. –
마지막까지 최선을 다하는 당신이 아름답습니다. 당신은 꼭 합격합니다.
여러분의 합격을 진심으로 기원합니다.

어제보다 아름다워지려는 당신을 응원합니다.

심작 최성진 올림

CONTENTS
이 책의 차례

01 국토의 계획 및 이용에 관한 법률

✦ 국토계획법 12개 중 10개 이상은 해결한다. 2개 정도는 틀려도 된다.

■ THEME ■ 01 용어정의(B+)   [제15,17,20,21,27,29,30회]

01 국가계획   ▶ 광역도시계획[×]

중앙행정기관이 법률에 따라 수립하거나 국가의 정책적인 목적달성을 위하여 수립하는 도시·군**기본**계획의 내용이나 도시·군**관리**계획으로 결정하여야 할 사항이 포함된 계획을 말한다.

02 도시·군계획★★   ▶ 광역시의 군[×], 광역도시계획[×]

특별시·광역시·특별자치시·특별자치도·시 또는 군(**광역시의 군은 제외**한다. 이하 같다)의 관할구역에 대하여 수립하는 공간구조와 발전방향에 대한 계획으로서 도시·군**기본**계획과 도시·군**관리**계획으로 구분한다.

03 지구단위계획★★   ▶ 전부[×]

도시·군계획 수립대상 지역의 **일부**[전부 ×]에 대하여 토지이용을 합리화하고 그 기능을 증진시키며 미관을 개선하고 양호한 환경을 확보하며, 해당 지역을 체계적·계획적으로 관리(개발)하기 위하여 수립하는 도시·군**관리**계획을 말한다.

04 도시·군계획시설★   ▶ 기반시설은 도로이다. = 짧다. ▶ 길면은 틀린문장이다.

기반시설 중 도시·군관리계획으로 결정된 시설을 말한다.

05 도시·군계획시설사업   ▶ 기반시설[×]

도시·군계획시설[기반시설×]을 설치·정비 또는 개량하는 사업을 말한다.

06 도시·군계획사업★   ▶ 시설 + 개발 + 정비

도시·군관리계획을 시행하기 위한 사업으로서 도시·군계획**시설**사업, 도시개발법에 따른 도시**개발**사업 및 도시 및 주거환경정비법에 따른 **정비**사업을 말한다.

01 국토의 계획 및 이용에 관한 법령에서 정하는 용어정의에 관한 설명이다. 옳은 것은?

① 도시·군기본계획의 내용이 광역도시계획의 내용과 다를 때에는 국토교통부장관이 결정하는 바에 따른다.

② 도시·군계획은 도시·군기본계획과 지구단위계획으로 구분한다.

③ 도시·군계획시설사업은 도시·군계획시설을 설치·정비 또는 개량하는 사업을 말한다.

④ 지구단위계획은 도시·군계획수립 대상지역의 전부에 대하여 토지이용을 합리화하고, 체계적·계획적으로 관리하기 위하여 수립하는 도시·군관리계획이다.

⑤ 개발밀도관리구역은 개발로 인하여 기반시설이 부족할 것이 예상되나 기반시설의 설치가 용이한 지역을 대상으로 건폐율이나 용적률을 완화하여 적용하기 위하여 지정하는 구역을 말한다.

---

07 용도지역*

▶ 중복[×]

토지의 이용 및 건축물의 용도·건폐율·용적률·높이 등을 제한함으로써 토지를 경제적·효율적으로 이용하고 공공복리의 증진을 도모하기 위하여 서로 중복되지 아니하게 도시·군관리계획으로 결정하는 지역을 말한다.

08 용도지구

▶ 중복[○]

토지의 이용 및 건축물의 용도·건폐율·용적률·높이 등에 대한 용도지역의 제한을 강화하거나 완화하여 적용함으로써 용도지역의 기능을 증진시키고 경관·안전 등을 도모하기 위하여 도시·군관리계획으로 결정하는 지역을 말한다.

09 용도구역

▶ 중복[○]

토지의 이용 및 건축물의 용도·건폐율·용적률·높이 등에 대한 용도지역 및 용도지구의 제한을 강화하거나 완화하여 따로 정함으로써 시가지의 무질서한 확산 방지, 계획적이고 단계적인 토지이용의 도모, 토지이용의 종합적 조정·관리 등을 위하여 도시·군관리계획으로 결정하는 지역을 말한다.

10 개발밀도관리구역(작게 지어라)*

▶ 완화[×]

개발로 인하여 기반시설이 부족할 것이 예상되나 기반시설의 설치가 곤란[용이×]한 지역을 대상으로 건폐율이나 용적률을 강화하여 적용하기 위하여 지정하는 구역을 말한다.

11 기반시설부담구역(돈 내라)★

▶ 개발밀도관리구역과 중복(×)

개발밀도관리구역 **外**의 지역으로서 개발로 인하여 도로, 공원, 녹지 등 대통령령으로 정하는 기반시설의 설치가 필요한 지역을 대상으로 기반시설을 설치하거나 그에 필요한 용지를 확보하게 하기 위하여 지정·고시하는 구역을 말한다.

12 도시·군계획의 지위 등★

▶ 도시·군관리계획(×)

✓ **도시·군계획**은 특별시·광역시·특별자치시·특별자치도·시 또는 군의 관할구역에서 수립되는 **다른 법률에 따른 토지의 이용·개발 및 보전에 관한 계획의 기본**이 된다.

✓ 특별시장·광역시장·특별자치도지사·특별자치시장·시장 또는 군수가 관할구역에 대하여 **다른 법률**에 따른 환경·교통·수도·하수도·주택 등에 관한 **부문별 계획**을 수립하는 때에는 **도시·군 기본계획의 내용에 부합되게 하여야 한다**.

▶ 부기

■ 핵심 예상 문제 002

02 국토의 계획 및 이용에 관한 법령상 도시·군계획 등에 관한 설명 중 옳은 것은?

① 광역도시계획은 특별시 또는 광역시의 장기발전방향을 제시하는 계획이다.

② 시장 또는 군수가 관할구역에 대하여 다른 법률에 따른 환경·교통·수도·하수도·주택등 부문별 계획을 수립하는 때에는 도시·군관리계획의 내용과 부합하여야 한다.

③ 용도지역과 용도지역은 중복이 가능하고, 용도지구와 용도지구는 중복이 되지 아니한다.

④ 도시·군관리계획은 특별시·광역시·특별자치시·특별자치도·시 또는 군의 개발·정비 및 보전을 목적으로 수립하는 계획이다.

⑤ 도시·군계획사업은 도시·군관리계획을 시행하기 위한 사업으로서 도시·군계획시설사업, 도시개발법에 따른 도시개발사업 및 도시 및 주거환경정비법에 따른 정비사업, 주택법의 주택건설사업을 말한다.

01 광역도시계획의 의의
▶ 광역시[×]

광역계획권의 장기발전방향을 제시하는 계획을 말한다.

02 광역계획권의 지정
▶ 지정은 형[상급자], ▶ 광역시장이 광역계획권을 지정[×]

① 둘 이상의 시·도의 관할구역에 걸쳐 있는 경우에는 **국토교통부장관**이 지정할 수 있다.

② 도의 관할구역에 걸쳐 있는 경우에는 **도지사**가 지정할 수 있다.

③ 둘 이상의 특별시·광역시·특별자치시·특별자치도·시·군의 전부 또는 일부를[구·광역시 군·읍·면] 대상으로 한다.

④ 국토교통부장관 지정시 : 관계 시·도지사, 시장 또는 군수의 의견을 들은 후 중앙도시계획위원회의 심의를 거쳐야 한다.

⑤ 도지사 지정시 : 관계 중앙행정기관의 장, 관계 시·도지사, 시장 또는 군수의 의견을 들은 후 지방도시계획위원회의 심의를 거쳐야 한다.

03 법적성격
▶ 10년[×], 20년[×]

① 행정소송의 대상이 아니다. ⇨ **수립단위 규정이 없다.** ⇨ 법정계획이다.

② **도시·군기본계획의 내용이 광역도시계획의 내용과 다를 때에는 광역도시계획의 내용이 우선한다.**

04 수립기준*
▶ 시·도지사[×]

수립기준은 대통령령이 정하는 바에 따라 **국토교통부장관**이 정한다.

05 수립권자**
▶ 어디서요 ⇨ 내가 수립

① 같은 도(시·군) ⇨ **시장·군수**(내가 수립)가 공동으로 수립하여야 한다.
▶ 도지사[×]

② 시·도(어디서요)에 걸친 경우 ⇨ **시·도지사**(내가 수립)가 공동으로 수립하여야 한다.

③ 시장·군수가 **3년 내 승인신청**을 하지 않는 경우 ⇨ 도지사가 수립하여야 한다(단독).

④ 시장·군수가 **협의**해서 요청시 ⇨ 도지사가 **단독**으로 수립**할 수 있다**.

⑤ **국가계획**과 관련된 경우, 시·도지사가 **3년 내 승인신청**을 하지 않는 경우
   ⇨ 국토교통부장관이 수립하여야 한다(단독).
   ▶ 요청시에는 승인신청이 없다.

⑥ 시장·군수 **요청시** ⇨ 시장·군수와 도지사가 **공동**으로 수립**할 수 있다**.

⑦ 시·도지사 **요청시** ⇨ 시·도지사와 국토교통부장관이 **공동**으로 수립**할 수 있다**.

광역도시계획을 공동으로 수립하는 시장·군수(시·도지사)가 서로 협의가 되지 아니하면 ⇨ **단독(협의권고)** 또는 공동으로 도지사(국토교통부장관)에게 **조정신청할 수 있다.**

■ 핵심 예상 문제 003

03 국토의 계획 및 이용에 관한 법령상 광역도시계획에 관한 설명으로 틀린 것은?

① 동일 지역에 대하여 수립된 광역도시계획의 내용과 도시·군기본계획의 내용이 다를 때에는 광역도시계획의 내용이 우선한다.

② 광역계획권은 국토교통부장관 또는 시·도지사가 도시·군관리계획으로 지정할 수 있다.

③ 도지사는 시장·군수가 협의를 거쳐 요청하는 경우에는 단독으로 광역도시계획을 수립할 수 있으며, 이 경우에는 국토교통부장관의 승인을 받지 아니 한다.

④ 광역도시계획을 수립하려면 광역도시계획의 수립권자는 미리 공청회를 열어야 한다.

⑤ 광역도시계획을 시·도지사가 공동으로 수립하는 경우 그 내용에 관해 서로 협의가 이루어지지 아니하는 때에는 공동 또는 단독으로 국토교통부장관에게 조정을 신청할 수 있다.

07 광역도시계획의 수립절차   ▶ 조사·측량할 수 있다[×]

기초조사★	① 인구·경제·사회·문화·환경·교통·주택 등을 조사·측량**하여야 한다.** ② **기초조사정보체계를 구축·운영**하여야 하며, 기초조사정보체계를 구축한 경우에는 **등록된 정보의 현황을 5년마다 확인하고 변동사항을 반영**하여야 한다.

⇩

의견청취★	① 공청회 : **공청회를 열어 주민 및 관계 전문가 등으로부터 의견을 들어야 하며**, 타당한 의견은 반영의무. ⇨ 14일 전까지 1회 이상 공고 ▶ 공청회를 생략할 수 있다[×] ② 지방의회 : 시·도지사 ⇨ 시·도의회, 시장·군수의 의견청취(동의×) 시장·군수 ⇨ 시·군의회의 의견청취(동의×)

⇩

수립권자	① 국토교통부장관 ② 시·도지사 ③ 시장·군수

⇩

| 협의심의 | 관계 (중앙)행정기관의 장(30일 이내 의견제시) ⇨ 지방(중앙)도시계획위원회의 심의 |

⇩

| 승인 | ① 시장·군수 ⇨ 도지사의 승인   ▸ 요청시에는 승인신청이 없다.
② 시·도지사 ⇨ 국토교통부장관의 승인 |

⇩

| 송부 | 관계 (중앙)행정기관의 장, 시·도지사, 시장·군수 |

⇩

| 공고열람 | 송부 받은 시·도지사, 시장·군수는 공고·열람(30일 이상) |

01 광역도시계획과 도시·군기본계획은 ~년 나오면 모두 5년, 단, 광역도시계획의 승인신청은 3년

02 광역도시계획과 도시·군기본계획은 날짜 나오면 모두 30일, 공청회만 14일 전까지 1회 이상 공고

■ 핵심 예상 문제 004 ■

04 국토의 계획 및 이용에 관한 법령상 광역도시계획에 관한 설명으로 틀린 것은?

① 광역도시계획의 수립기준은 국토교통부장관이 정한다.

② 광역계획권이 같은 도의 관할구역에 속하여 있는 경우 관할 도지사가 광역도시계획을 수립하여야 한다.

③ 시·도지사, 시장 또는 군수는 광역도시계획을 수립하거나 변경하려면 미리 관계 시·도, 시 또는 군의 의회와 관계 시장 또는 군수의 의견을 들어야 한다.

④ 시장 또는 군수가 기초조사정보체계를 구축한 경우에는 등록된 정보의 현황을 5년마다 확인하고 변동사항을 반영하여야 한다.

⑤ 광역계획권을 지정한 날부터 3년이 지날 때까지 관할 시장 또는 군수로부터 광역도시계획의 승인 신청이 없는 경우 관할 도지사가 광역도시계획을 수립하여야 한다.

01 도시 · 군기본계획의 의의
▶ 광역시의 군[×]

특별시 · 광역시 · 특별자치시 · 특별자치도 · 시 또는 **군**의 관할구역에 대해 **기본**적인 공간구조와 장기
발전방향을 제시하는 종합계획으로서 도시 · 군관리계획수립의 **지침**이 되는 계획을 말한다.

02 법적성격
▶ 10년[×], 20년[×]

행정소송 대상이 아니다. ➪ **수립 단위규정이 없다**. ➪ 법정계획 ➪ **5년마다** 타당성 여부 **재검토**
✔ 수립기준은 대통령령이 정하는 바에 따라 **국토교통부장관**이 정한다.

03 도시 · 군기본계획의 수립절차 ▶ 광역도시계획과 도시 · 군기본계획은 날짜 나오면 모두 30일, 공청회만 14일 전

기초조사★	① 조사 · 측량하여야 한다.[광역준용] ➪ 토지적**성**평가와 재해취약**성**분석을 포함[성2번] ② 도시 · 군기본계획의 입안일부터 **5년 이내**에 토지적성평가를 실시한 경우 등 대통령령이 정하는 경우에는 **토지적성평가 또는 재해취약성분석을 하지 아니할 수 있다**.

⇩

의견청취★	① 공청회: 공청회를 열어 주민 및 관계 전문가 등으로부터 의견을 들어야 하며, 타당한 의견은 반영하여야 한다. ➪ 14일 전까지 1회 이상 공고(광역도시계획 준용) ② 지방의회(친구): 특별시 · 광역시 · 특별자치시 · 특별자치도 · 시 · 군의회의 의견청취

⇩

수립권자★★	① 원칙 : 특별시장 · 광역시장 · 특별자치시장 · 특별자치도지사 · 시장 · 군수[6짱만 수립] ② 예외 : [특별시장 · 광역시장 · 특별자치시장 · 특별자치도지사는 **반드시 수립하여야 한다.**] • **수도권**에 속하지 아니하고 **광역시와 경계를 같이 하지 아니한 시** 또는 **군**으로 인구 10만 명 이하인 시 또는 군은 수립하지 아니할 수 있다. • 관할구역 **전부**에 대하여 광역도시계획이 수립되어 있는 경우로서 **광역**도시계획에 도시 · 군**기본**계획에서 담을 내용이 **모두** 포함된 시 또는 군은 도시 · 군기본계획을 수립하지 아니할 수 있다. **암기** 내(광역)안에 너(기본) 있다. • 지역여건상 필요하다고 인정되면 인접한 관할구역 **전부** · 일부를 포함하여 수립가능

⇩

협의 · 심의	관계 행정기관의 장(30일 이내 의견제시)과 협의 지방도시계획위원회와 심의

⇩

승인★	① **특별시장 · 광역시장 · 특별자치시장 · 특별자치도지사는 직접 확정한다**. ▶ 국장의 승인 없다. ② 시장 · 군수는 **도지사 승인**을 받아야 한다.

⇩

송부	관계 행정기관의 장, 시장 또는 군수

⇩

공고열람	특별시장 · 광역시장 · 특별자치시장 · 특별자치도지사 · 시장 · 군수는 공고 · 열람(30일 이상)

05 **국토의 계획 및 이용에 관한 법령상 도시·군기본계획에 대한 설명 중 틀린 것은?**

① 수도권에 속하지 아니하고 광역시와 경계를 같이 하지 아니한 시 또는 군으로 인구 10만 명 이하인 시 또는 군은 수립하지 아니할 수 있다.

② 계획의 안정성과 연속성을 위해 인구 및 토지이용특성 등을 종합적으로 고려하여 구체적이고 상세하게 수립해야 한다.

③ 도시·군기본계획의 수립 또는 변경에 앞서 실시되는 공청회에는 주민 및 관계 전문가 등이 참석하여 의견을 제시할 수 있다.

④ 시장 또는 군수가 도시·군기본계획을 수립 또는 변경하고자 하는 때에는 미리 해당 시의회 또는 군의회의 의견을 들어야 한다.

⑤ 특별시장·광역시장·특별자치시장·특별자치도지사·시장 또는 군수는 5년마다 관할구역의 도시·군기본계획에 대하여 그 타당성 여부를 전반적으로 재검토하여야 한다.

06 **국토의 계획 및 이용에 관한 법령상 도시·군기본계획에 관한 설명으로 옳은 것은?**

① 특별시장·광역시장·특별자치시장·특별자치도지사가 수립한 도시·군기본계획의 승인은 국토교통부장관이 한다.

② 도시·군기본계획 입안일부터 5년 이내에 토지적성평가를 실시한 경우에는 토지적성평가를 하지 아니할 수 있다.

③ 시장 또는 군수는 기초조사의 내용에 도시·군기본계획이 환경에 미치는 영향 등에 대한 환경성검토를 포함하여야 한다.

④ 시장 또는 군수는 도시·군기본계획을 수립할 때 주민의 의견청취를 위한 공청회는 생략할 수 있다.

⑤ 관할구역 전부에 대하여 광역도시계획이 수립되어 있는 경우로서 광역도시계획에 도시·군기본계획에서 담을 내용이 일부 포함된 시 또는 군은 도시·군기본계획을 수립하지 아니할 수 있다.

01 의 의

특별시·광역시·특별자치시·특별자치도·시 또는 **군**의 개발·정비 및 보전을 위해 수립하는 계획

02 성 격

▸ 당연무효이다.[×]

① 구체적 계획, 집행계획, 위법성에 대한 행정소송을 제기할 수 있다.

② 광역도시계획, 도시·군기본계획에 부합되지 아니하는 도시·군관리계획은 취소 또는 변경가능

03 도시 · 군관리계획의 내용★★

▸ 개발밀도관리구역[×], 기반시설부담구역[×]
▸ 도시자연공원구역의 행위제한[×], 성장관리계획[×]

① 용도**지역**·용도**지구**의 지정·변경

② 용도**구역**(개발제한구역·시가화조정구역·수산자원보호구역·도시자연공원구역)의 지정·변경

③ **기**반시설의 설치·정비 또는 개량

④ **지**구단위계획구역의 지정 또는 변경과 지구단위계획

⑤ 도시**개발**사업[단지 또는 시가지 조성사업] 또는 **정비**사업[재개발사업, 재건축사업]

⑥ 입지**규제최소**구역의 지정·변경에 관한 계획과 입지규제최소구역계획

■ 핵심 예상 문제 007

07 국토의 계획 및 이용에 관한 법령상 도시·군관리계획으로 결정하여야 하는 사항만을 모두 고른 것은?

> ㉠ 도시자연공원구역의 지정 ㉡ 개발밀도관리구역의 지정
> ㉢ 도시개발사업에 관한 계획 ㉣ 기반시설의 정비에 관한 계획

① ㉡
② ㉢, ㉣
③ ㉠, ㉡, ㉢
④ ㉠, ㉡, ㉣
⑤ ㉠, ㉢, ㉣

04 수립기준

수립기준은 대통령령이 정하는 바에 따라 **국토교통부장관**이 정한다.

05 주민의 입안제안 등★★　　　　▶용도지역·용도지구·용도구역[×], 기반시설부담구역[×]

1. **주민**(이해관계자를 포함)은 도시·군관리계획을 입안할 수 있는 자에게 입안을 제안할 수 있다.
    ⇨ 제안서에는 도시·군관리계획도서와 계획설명서를 첨부 ⇨ 동의 : 토지면적에 **국·공유지는 제외**
    ① **용**도지구 중 해당 용도지구에 따른 건축물이나 그 밖의 시설의 용도·종류 및 규모 등의 제한을
    지구단위계획으로 대체하기 위한 용도지구 : 토지면적의 2/3 이상 동의　　　▶용산기지 입지
    ② **산**업·유통개발진흥지구[1만m² 이상 3만m² 미만]지정 및 변경 : 토지면적의 2/3 이상 동의
    ③ **기**반시설의 설치·정비 또는 개량에 관한 사항 : 토지 면적의 **4/5 이상 동의**
    ④ **지**구단위계획구역의 지정 및 변경과 지구단위계획 수립 및 변경 : 토지면적의 2/3 이상 동의
    ⑤ **입지**규제최소구역의 지정·변경에 관한 계획과 입지규제최소구역계획 : 토지면적의 2/3 이상 동의
2. 제안일로부터 45일 이내에 반영 여부를 제안자에게 알려야 한다(부득이 30일 연장).
3. 입안·결정비용의 전부 또는 일부를 제안자에게 부담**시킬 수 있다**.

■ 핵심 예상 문제 008

08 국토의 계획 및 이용에 관한 법령상 주민이 도시·군관리계획의 입안을 제안하려는 경우 요구되는 제안 사항별 토지소유자의 동의 요건으로 틀린 것은? (단, 동의 대상 토지 면적에서 국·공유지는 제외함)

① 입지규제최소구역의 지정·변경에 관한 계획과 입지규제최소구역계획 : 대상 토지 면적의 2/3 이상

② 기반시설의 정비에 관한 사항 : 대상 토지 면적의 2/3 이상

③ 지구단위계획구역의 지정과 지구단위계획의 수립에 관한 사항 : 대상 토지 면적의 2/3 이상

④ 산업·유통개발진흥지구의 지정에 관한 사항 : 대상 토지 면적의 2/3 이상

⑤ 용도지구 중 해당 용도지구에 따른 건축물이나 그 밖의 시설의 용도·종류 및 규모 등의 제한을 지구단위계획으로 대체하기 위한 용도지구의 지정에 관한 사항 : 대상 토지 면적의 2/3 이상

---

06 결정권자★★

① 원칙 : 시·도지사, 대도시 시장 다음의 도시·군관리계획은 시장·군수가 직접 결정한다.

1. **시장·군수가 입안한 지구단위계획구역**의 지정·변경과 지구단위계획의 수립·변경
2. **지구단위계획으로 대체하는 용도지구 폐지에 관한 도시·군관리계획**[시장(대도시 시장은 제외) 또는 군수가 도지사와 미리 협의한 경우에 한정]

② 예외 : 국토교통부장관　　　　　　　　　▶ 도시자연공원구역은 시 · 도지사, 대도시 시장 [국장×]

1. 국토교통부장관이 입안한 도시 · 군관리계획
2. 개발제한구역의 지정 및 변경에 관한 도시 · 군관리계획　　▶ 시가화조정구역은 시 · 도지사
3. 시가화조정구역(**국가계획**과 연계)의 지정 및 변경에 관한 도시 · 군관리계획
4. 수산자원보호구역의 지정 및 변경에 관한 도시 · 군관리계획(해양수산부장관)
　　▶ 입지규제최소구역의 지정 ⇨ 결정권자(국토교통부장관, 시 · 도지사, 대도시 시장)

■ 핵심 예상 문제 009

09 국토의 계획 및 이용에 관한 법령상 도시 · 군관리계획을 국토교통부장관이 결정할 수 있는 것이 아닌 것은?

① 개발제한구역의 지정에 관한 도시 · 군관리계획

② 도시자연공원구역의 지정에 관한 도시 · 군관리계획

③ 입지규제최소구역의 지정에 관한 도시 · 군관리계획

④ 국가계획과 연계하여 시가화조정구역의 지정이 필요한 경우 시가화조정구역의 지정에 관한 도시 · 군관리계획

⑤ 둘 이상의 시 · 도에 걸쳐 이루어지는 사업의 계획 중 도시 · 군관리계획으로 결정하여야 할 사항이 있는 경우 국토교통부장관이 입안한 도시 · 군관리계획

07 수립절차　　　　　　　　　　　　　▶ 축소 또는 확대가 동시에 한 문장[×] ⇨ 상호모순

기초조사★	① 광역도시계획 준용 ⇨ 조사 · 측량하여야 한다. ⇨ 경미한 사항 **(단축, 축소) 생략 가능** ② 환경**성**검토(환경영향평가×) ⇨ 토지적**성**평가 ⇨ 재해취약**성**분석을 포함하여야 한다. ③ 기초조사생략 : 지구단위계획이 보이면, 도시 · 군계획시설이 보이면 　01 기초조사 공통생략 : 도시 · 군관리계획을 입안하려는 지역이 도심지[상업지역에 연접한 지역]에 위치, 개발이 끝나 나대지가 없는[2% 미달] 경우, 지구단위계획[너비 12m 이상 도로 설치계획이 없는 경우] 또는 도시 · 군계획시설이 보이면 기초조사[환경성검토, 토지적성평가, 재해취약성분석 포함]를 생략할 수 있다. 　02 환경성검토만 생략 : 전략환경영향평가 대상 　03 재해취약성분석만 생략 : 5년 이내 재해취약성분석 　04 토지적성평가만 생략할 수 있는 요건 　　① 5년 이내 토지적성평가 실시한 경우 　　② 주거지역 · 상업지역 · 공업지역에 도시 · 군관리계획을 입안하는 경우 　　③ 개발제한구역에서 조정 또는 해제된 지역에 대하여 도시 · 군관리계획을 입안하는 경우 　　④ 도시개발법에 따른 도시개발사업의 경우

⇩

의견청취★	① 주민의 의견청취[14일 이상 열람] : 타당한 의견은 도시·군관리계획에 반영하여야 한다. 국방상 기밀, 경미(단축, 축소)한 사항을 생략 가능(**공청회**×) ② 지방의회의 의견청취 : **입안**하려면 용도지역·지구·구역의 지정·변경, 광역시설, 기반시설의 설치·정비 또는 개량에 대하여 해당 지방의회의 의견을 들어야 한다.

⇩

입안권자	① 원칙 : 특별시장·광역시장·특별자치시장·특별자치도지사·시장·군수　▶ 구청장[×] ② 예외 : **국토교통부장관(국가계획**과 관련된 경우), 도지사

⇩

협의·심의	관계 (중앙)행정기관 장과 협의(30일 이내 의견제시), 지방(중앙)도시계획위원회 심의 ▶ 국방상, 국가안전보장상 기밀(중앙행정기관의 장이 요청하는 경우에만 해당한다)을 지켜야 할 필요가 있다고 인정되면 협의·심의를 생략할 수 있다. ▶ 공동심의 : 시·도지사[시장·군수]가 **지구단위계획**이나 **지구단위계획으로 대체하는 용도지구 폐지에 관한 사항**을 결정하려면 시·도[시·군]에 두는 **건축위원회**와 **도시계획위원회**가 공동으로 하는 심의를 거쳐야 한다.

⇩

결정·고시	① 원칙 : 시·도지사, 대도시시장, **시장 또는 군수(지구단위계획을 결정)** ② 예외 : 국토교통부장관, 해양수산부장관

⇩

송부	특별시장·광역시장·특별자치시장·특별자치도지사·시장 또는 군수

⇩

열람	**열람기간(신청기간)에 제한이 없다.**　　　　　　　　　　　▶ 30일[×]

08 효력발생★★
▶ 다음 날[×], 5일 후[×]

도시·군관리계획의 결정은 **지형도면을 고시한 날부터** 효력이 발생한다.

09 기득권 보호★
▶ 수시개정 : 신고

① 원칙(무신고, 무허가) : 도시·군관리계획 결정 당시 이미 사업이나 공사에 착수한 자(이 법 또는 다른 법률에 따라 허가·인가·승인 등을 받아 사업이나 공사에 착수한 자)는 그 도시·군관리계획결정에 관계 없이 그 사업이나 공사를 계속할 수 있다.
② 예외(신고) : **수산자원보호구역** 또는 **시가화조정구역** ⇨ **이미** 사업 또는 공사에 **착수**한 자는 계속하려면 ⇨ **3개월** 이내에 **신고**하여야 한다(개발구역, 정비구역 ⇨ 30일 이내 신고).

10 타당성 검토★

① 재정비기간 : **5년마다 재검토**　　　▶ 특별시장 · 광역시장 · 특별자치시장 · 특별자치도지사는 공청회[×]

② 도시 · 군계획[도시 · 군기본계획 + 도시 · 군관리계획]은 **5년마다 재검토**

③ 재정비시 + 도시 · 군기본계획을 수립(×) + **시장 또는 군수** ⇨ **공청회 개최**

■ 핵심 예상 문제 010

10 국토의 계획 및 이용에 관한 법령상 지구단위계획구역으로 지정하는 등의 도시 · 군관리계획을 입안하는 경우 환경성 검토를 하여야 하는 경우는? (단, 법령에서 정한 경미한 사항을 입안하는 경우가 아님)

① 개발제한구역 안에 기반시설을 설치하는 경우

② 해당 지구단위계획구역 안의 나대지면적이 구역면적의 2%에 미달하는 경우

③ 해당 지구단위계획구역의 지정목적이 당해 구역을 정비하고자 하는 경우로서 지구단위계획의 내용에 너비 12m 이상 도로의 설치계획이 없는 경우

④ 해당 지구단위계획구역이 다른 법률에 따라 지역 · 지구 · 구역 · 단지 등으로 지정된 경우

⑤ 해당 지구단위계획구역이 도심지(상업지역과 상업지역에 연접한 지역)에 위치하는 경우

■ 핵심 예상 문제 011

11 국토의 계획 및 이용에 관한 법령상 도시 · 군관리계획 등에 관한 설명으로 옳은 것은?

① 시가화조정구역의 지정에 관한 도시 · 군관리계획 결정 당시 승인받은 사업이나 공사에 이미 착수한 자는 신고 없이 그 사업이나 공사를 계속할 수 있다.

② 도시지역의 확대에 따른 용도지역의 변경을 내용으로 하는 도시 · 군관리계획을 입안하는 경우에는 주민 의견청취를 생략할 수 없다.

③ 광역도시계획과 도시 · 군기본계획 및 도시 · 군관리계획은 반드시 공청회를 개최하여야 한다.

④ 광역도시계획이나 도시 · 군기본계획을 수립할 때에 도시 · 군관리계획을 함께 입안할 수 없다.

⑤ 도시 · 군관리계획 결정은 지형도면을 고시한 날의 다음 날부터 효력이 발생한다.

01 용도지역★ [제17,18,21,24,25,26,27,28,29,30,32,33회]

▶ 도시 · 군관리계획으로 결정 · 고시한다.

용도지역		세분 용도지역		건폐율	용적률
도시지역	주거지역 (70% 이하) (500% 이하)	전용주거지역(양호한 주거환경을 보호하기 위하여 필요)	제1종 : 단독주택 중심	50% 이하	50~100%
			제2종 : 공동주택 중심	50% 이하	50~150%
		일반주거지역(편리한 주거환경을 조성하기 위하여 필요)	제1종 : 저층주택 중심	60% 이하	100~200%
			제2종 : 중층주택 중심	60% 이하	100~250%
			제3종 : 중 · 고층주택	50% 이하	100~300%
		준주거지역 : 주거기능 + 상업 + 업무기능을 보완		70% 이하	200~500%
	상업지역 (90% 이하) (1,500% 이하)	중심상업지역 : 도심·부도심의 상업 및 업무기능		90% 이하	200~1,500%
		일반상업지역 : 일반적인 상업기능 및 업무기능		80% 이하	200~1,300%
		유통상업지역 : 도시 내 및 지역 간 유통기능		80% 이하	200~1,100%
		근린상업지역 : 일용품 및 서비스의 공급		70% 이하	200~900%
	공업지역 (70% 이하) (400% 이하)	전용공업지역 : 중화학공업, 공해성공업 수용(굴뚝○)		70% 이하	150~300%
		일반공업지역 : 친환경(굴뚝×)			150~350%
		준공업지역 : 경공업 + 주거 + 상업 + 업무기능			150~400%
	녹지지역 (20% 이하) (100% 이하)	보전녹지지역 : 녹지공간을 보전		20% 이하	50~80%
		생산녹지지역 : 농업적 생산을 위하여 개발을 유보			50~100%
		자연녹지지역 : 불가피한 경우에 제한적인 개발			50~100%
관리지역		보전관리지역 : 자연환경보전지역으로 지정 곤란 지역		20% 이하	50~80%
		생산관리지역 : 농림지역으로 지정 곤란한 지역		20% 이하	50~80%
		계획관리지역 : 도시지역으로 편입이 예상되는 지역		40% 이하	50~100%
농림지역		농림업의 진흥과 산림의 보전(도시지역 외)		20% 이하	50~80%
자연환경보전지역		자연환경 · 수자원 · 해안생태계 · 상수원 및 문화재의 보전과 수산자원의 보호 · 육성을 위하여 필요한 지역 ▶ 자수문해수 [개별법에 의한 건축제한 첫글자]		20% 이하	50~80%

용도지역의 추가세분 : 시 · 도지사 또는 대도시 시장은 해당 시 · 도 또는 대도시의 도시 · 군계획조례로 정하는 바에 따라 도시 · 군관리계획결정으로 세분된 **주거지역 · 상업지역 · 공업지역 · 녹지지역**을 추가적으로 세분하여 지정할 수 있다.

02 용적률 높은 것부터 낮은 순서★★

▶ 건폐율 배열 : 주거(일반 2,1,3 / 전용 2,1)

상업지역(중, 일, 유, 근) ➪ **준**주거지역 ➪ **준**공업지역 ➪ **공**업 ➪ **주**거(일반 3,2,1 / 전용 2,1) ➪ 100% (제1종 전용주거지역, 생산녹지지역, 자연녹지지역, 계획관리지역) ➪ 80%(**보전**녹지지역, **보전**관리지역, 자연환경**보전**지역, **농림**지역, **생산관리**지역) ➪ 보전보이면 80%, 시골땅 80%, 계만 100%

✔ 건폐율 배열 : [주거지역 = 556657 / 상업지역 = 9887 / 공업지역 = 777 / 녹관농자 = 다 20, 계만 = 40%]

12 국토의 계획 및 이용에 관한 법령상 용도지역에 관한 설명으로 틀린 것은?

① 국토환경관리를 위하여 필요한 경우에는 보전관리지역은 자연환경보전지역과 중복하여 지정할 수 있다.

② 자연녹지지역은 도시의 녹지공간의 확보를 위하여 보전할 필요가 있는 지역으로서 불가피한 경우에 한하여 제한적인 개발이 허용되는 지역이다.

③ 제3종 일반주거지역은 중·고층주택 중심의 편리한 주거환경을 조성하기 위한 지역이다.

④ 제2종 전용주거지역은 공동주택 중심의 양호한 주거환경을 보호하기 위한 지역이다.

⑤ 준공업지역은 경공업 그 밖의 공업을 수용하되, 주거기능·상업기능 및 업무기능의 보완이 필요한 지역이다.

13 국토의 계획 및 이용에 관한 법령상 도시지역 중 건폐율의 최대한도가 낮은 지역부터 높은 지역 순으로 옳게 나열한 것은? (단, 조례 등 기타 강화·완화조건은 고려하지 않음)

① 전용공업지역 − 중심상업지역 − 제1종 전용주거지역

② 보전녹지지역 − 유통상업지역 − 준공업지역

③ 자연녹지지역 − 일반상업지역 − 준주거지역

④ 일반상업지역 − 준공업지역 − 제2종 일반주거지역

⑤ 생산녹지지역 − 근린상업지역 − 유통상업지역

14 국토의 계획 및 이용에 관한 법령상 용도지역의 용적률의 최대한도가 높은 것부터 낮은 것 순으로 바르게 나열한 것은?

㉠ 보전관리지역	㉡ 제1종 전용주거지역
㉢ 일반공업지역	㉣ 준주거지역
㉤ 유통상업지역	㉥ 제3종 일반주거지역

① ㉤ − ㉣ − ㉥ − ㉢ − ㉡ − ㉠   ② ㉤ − ㉣ − ㉢ − ㉥ − ㉡ − ㉠

③ ㉢ − ㉣ − ㉤ − ㉥ − ㉡ − ㉠   ④ ㉣ − ㉢ − ㉥ − ㉤ − ㉡ − ㉠

⑤ ㉠ − ㉣ − ㉡ − ㉢ − ㉥ − ㉤

03 지정의제 고시별도★

▶ 같으면 본다, 다르면 지정하여야 한다.

공유수면 (바다)	① 매립목적이 이웃 용도지역 내용과 **같은 경우** 이웃한 용도지역으로 **지정**된 것으로 **본다**. 특별시장 · 광역시장 · 특별자치시장 · 특별자치도지사 · 시장 또는 군수는 고시하여야 한다. ② 매립목적이 이웃 용도지역의 내용과 **다른 경우**(2 이상 용도지역에 걸친 경우, 2 이상 용도지역에 이웃하고 있는 경우) : **도시 · 군관리계획결정으로 지정하여야 한다**. ▶ 큰 쪽 따른다[×]

■ 핵심 예상 문제 015

15 국토의 계획 및 이용에 관한 법령상 공유수면(바다로 한정함)매립지의 용도지역 지정에 관한 설명으로 틀린 것은?

① 용도지역이란 도시지역, 관리지역, 농림지역, 자연환경보전지역을 말한다.

② 매립목적이 그 매립구역과 이웃하고 있는 용도지역의 내용과 같은 경우 그 매립준공구역은 이웃 용도지역으로 도시 · 군관리계획을 입안 · 결정하여야 한다.

③ 매립목적이 그 매립구역과 이웃하고 있는 용도지역의 내용과 다른 경우 그 매립구역이 속할 용도지역은 도시 · 군관리계획 결정으로 지정하여야 한다.

④ 매립구역이 둘 이상의 용도지역에 걸쳐 있는 경우 그 매립구역이 속할 용도지역은 도시 · 군관리계획 결정으로 지정하여야 한다.

⑤ 매립구역이 둘 이상의 용도지역과 이웃하고 있는 경우 그 매립구역이 속할 용도지역은 도시 · 군관리계획 결정으로 지정하여야 한다.

04 결정고시 의제 특례★★

▶ 계획관리지역[×]

도시지역 결정고시 의제 (어항도 택산전)	어촌 · 어항법에 따른 **어**항구역 항만법에 따른 **항**만구역 + **도시지역에 연접**된 공유수면 택지개발촉진법에 따른 **택지개발지구** 국가**산**업단지 · 일반산업단지 및 도시첨단산업단지 (**농공단지는 제외** ⇨ 본래의 용도지역을 유지한다.) **전**원개발사업구역 및 예정구역(**수력발전소** 또는 송 · 변전설비 **제외**)
관리지역 에서	**농**지법에 따른 **농**업진흥지역으로 지정 · 고시된 지역은 **농**림지역으로 결정 · 고시된 것으로 본다. ▶ 농농농 관리합시다. 관리지역의 산림 중 산지관리법에 따라 보전산지로 지정 · 고시된 지역은 해당 고시에서 구분하는 바에 따라 **농림지역** 또는 **자연환경보전지역**으로 결정 · 고시된 것으로 본다.

16 국토의 계획 및 이용에 관한 법령상 도시지역으로 결정·고시된 것으로 볼 수 있는 경우는?

① 산업입지 및 개발에 관한 법률에 따라 농공단지로 지정·고시된 지역

② 어촌·어항법에 따른 어항구역으로서 농림지역에 연접한 공유수면으로 지정·고시된 지역

③ 취락지구로서 도시개발법의 도시개발구역으로 지정·고시된 지역

④ 항만법에 따른 항만구역으로서 계획관리지역에 연접한 공유수면으로 지정·고시된 지역

⑤ 택지개발촉진법에 따라 택지개발지구로 지정·고시된 지역

---

05 아파트를 설치할 수 없는 용도지역*   ▸ 아파트[×] ⇨ 유전 고까것 1, 녹관농자, 일반공업지역

아파트는 **유통상업지역·전용공업지역·일반공업지역·녹지지역·관리지역·농림지역·자연환경보전지역·제1종 전용주거지역, 제1종 일반주거지역**에서 건축할 수 없다.

✔ 단독주택은 유통상업지역 및 전용공업지역에서 건축을 할 수 없다.   ▸ 단독주택[×] ⇨ 유전

✔ 일반주거지역에는 제2종 근린생활시설을 설치할 수 없으나 도시·군계획 조례에 의하면 제2종 근린생활시설(**단란주점, 안마시술소는 제외**)을 설치할 수 있다.

---

17 국토의 계획 및 이용에 관한 법령상 아파트를 건축할 수 있는 용도지역은?

① 계획관리지역   ② 일반공업지역

③ 유통상업지역   ④ 제1종 일반주거지역

⑤ 제2종 전용주거지역

---

06 용도지역 미지정 또는 미세분지역**   ▸ 보전을 찾는다.

용도지역 미지정 또는 미세분지역의 행위제한 ⇨ **보전** 찾는다. ⇨ **건축 가능**

⇨ 건폐율 20% 이하, 용적률 50% 이상 80% 이하

① 도시지역·관리지역·농림지역·자연환경보전지역으로 용도가 **지정되지 아니한 지역**에 건폐율, 용적률, 건축제한에 대하여는 자연환경**보전**지역에 관한 규정을 적용한다.

② 도시지역이 **미세분**된 경우 건폐율, 용적률, 건축제한은 **보전**녹지지역에 관한 규정을 적용한다.

③ 관리지역이 **미세분**된 경우 건폐율, 용적률, 건축제한은 **보전**관리지역에 관한 규정을 적용한다.

18 국토의 계획 및 이용에 관한 법령상 용도지역과 관련된 행위제한으로 옳은 것은?

① 도시지역·관리지역·농림지역 또는 자연환경보전지역으로 용도가 지정되지 아니한 지역의 건폐율은 20% 이하이고, 용적률은 50% 이상 80% 이하를 적용한다.

② 토지적성평가 등에 의해 세부 용도지역으로 지정되지 아니한 관리지역에서는 건축물의 건축 또는 공작물의 설치가 금지된다.

③ 도시지역·관리지역·농림지역 또는 자연환경보전지역으로 용도가 지정되지 아니한 지역에 대하여는 건폐율 규정을 적용함에 있어서 도시지역에 관한 규정을 적용한다.

④ 도시지역이 세부 용도지역으로 지정되지 아니한 경우 건폐율은 자연녹지지역에 관한 규정을 적용한다.

⑤ 관리지역이 세부 용도지역으로 지정되지 아니한 경우 용적률은 계획관리지역에 관한 규정을 적용한다.

01 고도지구*
▶ 최저한도[×] ▶ 도시·군계획조례[×]

쾌적한 환경 조성 및 토지의 효율적 이용을 위하여 건축물 높이의 **최고한도**를 규제할 필요가 있는 지구
(건축제한 : 도시·군**관리**계획)

02 경관지구
▶ 특자시

경관의 보전·관리 및 형성을 위하여 필요한 지구 (건축제한 : 도시·군계획조례)

① 특화경관지구 : 지역 내 주요 수계의 수변 또는 문화적 보존가치가 큰 건축물 주변의 경관 등 **특별**한 **경관**을 보호 또는 유지하거나 형성하기 위하여 필요한 **지구**

② 자연경관지구 : 산지·구릉지 등 자연경관을 보호하거나 유지하기 위하여 필요한 지구

③ 시가지경관지구 : 지역 내 주거지, 중심지 등 시가지의 경관을 보호 또는 유지하거나 형성하기 위하여 필요한 지구

03 방화지구

화재의 위험을 예방하기 위하여 필요한 지구 (건축제한 : 도시·군계획조례)

04 방재지구
▶ 시자

풍수해, 산사태, 지반의 붕괴, 재해를 예방하기 위하여 필요한 지구(건축제한 : 도시·군계획조례)

① 시가지방재지구 : 건축물·인구가 밀집되어 있는 지역으로서 시설 개선 등을 통하여 재해 예방이 필요한 지구

② 자연방재지구 : 토지의 이용도가 낮은 해안변, 하천변, 급경사지 주변 등의 지역으로서 건축 제한 등을 통하여 재해 예방이 필요한 지구

▶ 도시·군관리계획의 내용에는 방재지구의 재해저감대책을 포함하여야 한다.

05 보호지구*
▶ 역중생

문화재, 중요 시설물(항만, 공항, 공용시설, 교정 및 군사시설) 및 문화적·생태적으로 보존가치가 큰 지역의 **보호와 보존**을 위하여 필요한 지구 (건축제한 : 도시·군계획조례)

① 역사문화환경보호지구 : 문화재·전통사찰 등 역사·문화적으로 보존가치가 큰 시설 및 지역의 **보호와 보존**을 위하여 필요한 지구

② 중요시설물보호지구 : 중요시설물의 보호와 기능 유지 및 증진 등을 위하여 필요한 지구

③ 생태계보호지구 : 야생동식물서식처 등 생태적으로 보존가치가 큰 지역의 보호와 보존을 위하여 필요한 지구

06 개발진흥지구*

주거기능·상업기능·공업기능·유통물류기능·관광기능·휴양기능 등을 집중적으로 **개발·정비**할 필요가 있는 **지구**(건축제한 : 지구단위계획 또는 개발**계획**에 의하나, 지구단위계획 또는 개발계획수립 **전**에는 도시·군계획**조례**, 수립이 **안**되면 **용**도지역에서 허용되는 건축물을 건축할 수 있다)

① 주거개발진흥지구 : 주거기능을 중심으로 개발·정비할 필요가 있는 지구
② 산업·유통개발진흥지구 : 공업기능 및 유통·물류기능을 중심으로 개발·정비할 필요가 있는 지구
③ 관광·휴양개발진흥지구 : 관광·휴양기능을 중심으로 개발·정비할 필요가 있는 지구
④ 복합개발진흥지구 : 주거기능, 공업기능, 유통·물류기능 및 관광·휴양기능 중 **2 이상의 기능**을 중심으로 개발·정비할 필요가 있는 지구
⑤ 특정개발진흥지구 : 주거기능, 공업기능, 유통·물류기능 및 관광·휴양기능 외의 기능을 중심으로 **특정**한 목적을 위하여 **개발**·정비할 필요가 있는 **지구**

07 특정용도제한지구*

주거 및 교육 환경 보호나 청소년 보호 등의 목적으로 오염물질 배출시설, 청소년유해시설 등 특정시설의 입지를 **제한**할 필요가 있는 지구　　　　　　　　　　　　　　(건축제한 : 도시·군계획조례)

08 복합용도지구**

지역의 토지이용 상황, 개발 수요 및 주변 여건 등을 고려하여 효율적이고 복합적인 토지이용을 도모하기 위하여 특정시설의 입지를 **완화**할 필요가 있는 지구(건축제한 : **대통령령** ⇨ 복합용도지구에서는 **일반주거지역, 일반공업지역, 계획관리지역**에서 허용되는 건축물을 건축할 수 있다)

복합용도지구 : 복합용도지구의 지정목적 범위에서 대통령령으로 따로 정한다. ⇨ 시·도지사 또는 대도시 시장은 **일반주거지역, 일반공업지역, 계획관리지역**에 복합용도지구를 지정할 수 있다.

> 1. **일반주거지역** : **준주거지역**에 허용되는 건축물. 다만, 제2종 근린생활시설 중 안마시술소, 문화 및 집회시설 중 관람장, 공장, 위험물저장 및 처리시설, 동물 및 식물관련시설, **장례시설은 제외한다**.
> 2. **일반공업지역** : **준공업지역**에 허용되는 건축물. 다만, 공동주택 중 **아파트**, 제2종 근린생활시설 중 단란주점 및 안마시술소, 노유자시설을 **제외한다**.
> 3. **계획관리지역** : 제2종 근린생활시설 중 위락시설 중 유원시설업의 시설, 일반음식점·휴게음식점·제과점, 판매시설, 숙박시설, 그 밖에 이와 비슷한 시설에 해당하는 건축물
> 　　　　　　　　　　　　　　　　　　　　　　　　　　　**[놀고, 먹고, 팔고, 잔다]**

> ◉ 시·도지사 또는 대도시 시장은 복합용도지구를 지정하는 경우에는 다음의 기준을 따라야 한다.
> 1. 용도지역의 변경시 기반시설이 부족해지는 등의 문제가 우려되어 해당 **용도지역의 건축제한만을 완화**하는 것이 적합한 경우에 지정할 것
> 2. 용도지역의 지정목적이 크게 저해되지 아니하도록 해당 용도지역 전체 면적의 **3분의 1 이하**의 범위에서 지정할 것

▶ 자연취락지구 ⇨ 주거지역[×], 5층[×], 음식점[×]

녹지지역·관리지역·농림지역·자연환경보전지역이나 도시자연공원구역, 개발제한구역의 취락을 정비 ⇨ 지정장소가 특정한 용도지역·용도구역에 한정

① **집단취락지구** ⇨ **개발제한구역**에 지정

　　⇨ 건축제한 :「개발제한구역의 지정 및 관리에 관한 특별조치법령」

② **자연취락지구** ⇨ **녹지지역·관리지역·농림지역·자연환경보전지역**에 지정[**4층 이하**]

　　⇨ 건축제한 :「국토의 계획 및 이용에 관한 법령」

✔ 자연취락지구 안에서 건축할 수 있는 건축물(4층 이하) : 단독주택, 제1종 근린생활시설, 제2종 근린 생활시설[**일반음식점, 휴게음식점, 단란주점, 안마시술소는 제외한다**], 운동시설(농업·임업·축산 업·수산업용)창고, 방송통신시설, 발전시설[종교시설×(단, 조례로는 설치가능), 관광휴게시설×, 정신병원×, 장례식장×, 노래연습장○]

10 기 타

① 용도지역·용도지구[용도구역×]에서의 **도시·군계획시설**에 대하여는 **용도지역·용도지구에서의 건 축제한 규정을 적용하지 아니한다.**

② 시·도지사 또는 대도시 시장은 지역여건상 필요하면 그 시·도 또는 대도시의 **조례로** 법률에서 정하고 있는 **용도지구 외의 용도지구**를 신설할 수 있으며, 용도지역 또는 용도구역의 행위제한을 **완화**하는 용도지구를 **신설하지 아니할 것**

③ 리모델링의 특례 : **경**관지구 또는 **고**도지구에서 리모델링이 필요한 건축물에 대하여는 경관지구· 고도지구의 건축제한에도 불구하고 건축물의 높이·규모 등의 제한을 완화하여 제한할 수 있다.

④ 세분 : 도시·군계획조례로 **경**관지구를 추가적으로 세분(특화경관지구의 세분을 포함한다)하거나 **중**요시설물보호지구 및 **특**정용도제한지구를 세분하여 지정할 수 있다.　　　　　**경,중,특**

■ **핵심 예상 문제 019**

19　국토의 계획 및 이용에 관한 법령상 용도지구의 세분에 관한 내용 중 틀린 것은?

　　① 경관지구는 특화경관지구, 자연경관지구, 시가지경관지구로 세분하여 지정할 수 있다.

　　② 보호지구는 역사문화환경보호지구, 중요시설물보호지구, 생태계보호지구로 세분하여 지 정할 수 있다.

　　③ 개발진흥지구는 주거개발진흥지구, 산업·유통개발진흥지구, 관광·휴양개발진흥지구, 복합개발진흥지구 및 특정개발진흥지구로 세분하여 지정할 수 있다.

　　④ 고도지구는 최고고도지구, 최저고도지구로 세분하여 지정할 수 있다.

　　⑤ 방재지구는 시가지방재지구, 자연방재지구로 세분하여 지정할 수 있다.

　　⑥ 취락지구는 자연취락지구, 집단취락지구로 세분하여 지정할 수 있다.

20 국토의 계획 및 이용에 관한 법령상 세분된 용도지구의 정의로 틀린 것은?

① 시가지경관지구: 지역 내 주거지, 중심지 등 시가지의 경관을 보호 또는 유지하거나 형성하기 위하여 필요한 지구

② 특화경관지구: 지역 내 주요 수계의 수변, 문화적 보존가치가 큰 건축물 주변의 경관 등 특별한 경관을 보호 또는 유지하거나 형성하기 위하여 필요한 지구

③ 역사문화환경보호지구: 문화재·전통사찰 등 역사·문화적으로 보존가치가 큰 시설 및 지역의 미관을 유지하기 위하여 필요한 지구

④ 주거개발진흥지구: 주거기능을 중심으로 개발·정비할 필요가 있는 지구

⑤ 복합개발진흥지구: 주거기능, 공업기능, 유통·물류기능 및 관광·휴양기능 중 2 이상의 기능을 중심으로 개발·정비할 필요가 있는 지구

21 국토의 계획 및 이용에 관한 법령상 용도지구별 건축제한에 관한 설명으로 옳은 것을 모두 고른 것은? (단, 건축물은 도시·군계획시설이 아님)

> ㉠ 일반주거지역에 지정된 복합용도지구 안에서는 장례시설을 건축할 수 있다.
> ㉡ 용도지역·용도지구에서의 도시·군계획시설에 대하여는 용도지역·용도지구의 건축제한에 관한 규정을 적용하지 아니한다.
> ㉢ 고도지구에서는 건축물을 신축하는 경우 도시·군관리계획으로 정하는 높이를 초과하여 건축할 수 없다.
> ㉣ 자연취락지구 안에서는 5층 이하의 범위에서 관광휴게시설을 건축할 수 있다.

① ㉠, ㉡   ② ㉠, ㉢
③ ㉠, ㉣   ④ ㉡, ㉢
⑤ ㉢, ㉣

01 개발제한구역★   ▶ 시·도지사가 지정 ⇨ 도시자연공원구역, 시가화조정구역, 입지규제최소구역

① 의의 : **국토교통부장관** ⇨ 도시의 무질서한 확산을 방지, 도시주변의 자연환경을 보전, 도시민의 건
전한 생활환경을 확보 ⇨ **보안상** 개발제한 ⇨ 도시·군**관리**계획으로 결정
② 행위제한 : 따로 법률로 정한다. ⇨ 개발제한구역의 지정 및 관리에 관한 특별조치법으로 정한다.

02 도시자연공원구역★   ▶ 국토교통부장관[×]

① 의의 : **시·도지사, 대도시 시장** ⇨ 도시의 자연환경 및 경관을 보호, 도시민의 건전한 **여가·휴식공간을 제공**, 도시지역에서 식생이 양호한 산지의 개발을 제한 ⇨ 도시·군**관리**계획으로 결정
② 행위제한 : 따로 법률로 정한다. ⇨ 도시공원 및 녹지 등에 관한 법률로 정한다.

03 시가화조정구역★   ▶ 보안상[×]

① 의의 : **시·도지사** ⇨ 도시지역과 그 주변 지역의 무질서한 시가화 방지 ⇨ **5년 이상 20년 이내** 기간
동안 시가화를 유보할 필요 ⇨ 도시·군**관리**계획으로 결정할 수 있다.
국가계획과 연계 ⇨ 국토교통부장관이 도시·군관리계획으로 결정할 수 있다.
② 실효 : 유보기간이 끝난 날의 **다음 날**부터 그 효력을 잃는다. ⇨ 고시는 하여야 한다.
③ 지정효과 : 개발행위 금지   ▶ 주택의 신축[×], pc방[×]
④ 예외 : 도시·군계획사업 ⇨ 국방상 또는 공익상 불가피하여 관계 중앙행정기관의 장의 요청으로
국토교통부장관이 인정하는 사업에 한하여 시행할 수 있다(허가×, 신고×).
⑤ 예외 : 도시·군계획사업 **외** ⇨ 허가(특별시장·광역시장·특별자치시장·특별자치도지사·시장·
군수)
 - 농업·임업·어업용의 건축물 중 축사, 퇴비사, 창고 등을 건축하는 행위
 - 주택의 **증축**(100m² 이하), 종교시설의 증축(2배 이내) ⇨ 신축[×]
 - 마을공동시설(농로, 제방시설의 설치, 새마을회관의 설치)
 - **공익**시설·**공공**시설·**공용**시설(보건소·연구소·사회복지시설·공공도서관·119 안전센터 등)설치

04 수산자원보호구역

① 의의 : **해양수산부장관** ⇨ 수산자원의 보호·육성을 위하여 ⇨ 도시·군**관리**계획으로 결정
② 행위제한 : 수산자원보호구역의 행위제한은 「수산자원관리법」에 따른다.

22 국토의 계획 및 이용에 관한 법령상 시가화조정구역에 관한 설명으로 옳은 것은?

① 시가화유보기간은 5년 이상 20년 이내의 기간으로 도시·군관리계획으로 정하며, 시가화 유보기간이 끝난 날부터 그 효력을 잃는다.

② 시가화조정구역에서는 도시·군계획사업에 의하는 경우가 아닌 공익시설·공공시설은 허가받아 설치할 수 있다.

③ 시가화조정구역에서 도시·군계획사업 외에 해당하는 축사, 퇴비사, 창고, 양어장 등을 허가 없이 설치할 수 있다.

④ 시가화조정구역에서 공공도서관, 119안전센터, 사회복지시설, 복합유통게임제공업의 시설, 주택의 신축, 종교시설의 신축은 허가받아 설치할 수 있다.

⑤ 공익상 그 구역 안에서의 사업시행이 불가피한 것으로서 주민의 요청에 의하여 시·도지 사가 시가화조정구역의 지정목적 달성에 지장이 없다고 인정한 도시·군계획사업은 시 가화조정구역에서 시행할 수 있다.

23 국토의 계획 및 이용에 관한 법령상 용도구역의 지정에 관한 설명으로 옳은 것은?

① 국토교통부장관은 개발제한구역의 지정을 도시·군기본계획으로 결정할 수 있다.

② 시·도지사는 도시자연공원구역의 지정을 광역도시계획으로 결정할 수 있다.

③ 국토교통부장관, 시·도지사 또는 대도시 시장은 산업입지 및 개발에 관한 법률 따른 도시첨단산업단지를 입지규제최소구역으로 지정할 수 있다.

④ 시·도지사는 수산자원보호구역의 변경을 도시·군기본계획으로 결정할 수 있다.

⑤ 국토교통부장관은 시가화조정구역의 변경을 광역도시계획으로 결정할 수 있다

⑥ 시·도지사가 지정할 수 있는 용도구역은 시가화조정구역, 도시자연공원구역, 입지규제 최소구역이다.

05 입지규제최소구역

▶ 결절지로부터 3km 이내(×)

① 입지규제최소구역의 지정 : 도시·군관리계획으로 결정권자(국토교통부장관, 시·도지사, 대도시 시장)는 도시지역에서 복합적인 토지이용을 증진시켜 도시 정비를 촉진하고 지역 거점을 육성할 필요가 있다고 인정되면 다음의 지역과 그 주변지역을 입지규제최소구역으로 지정할 수 있다.

1. 도시·군기본계획에 따른 도심·부도심 또는 생활권의 중심지역
2. 도시재생활성화 및 지원에 관한 특별법에 따른 도시재생활성화지역 중 도시경제기반형 **활성화 계획**을 수립하는 지역
3. 세 개 이상의 노선이 교차하는 대중교통 **결절지로부터 1km 이내**에 위치한 지역
4. 도시 및 주거환경정비법에 따른 노후·불량건축물이 밀집한 공업지역 또는 주거지역으로 정비가 시급한 지역
5. 철도역사, 터미널, 항만, 공공청사, 문화시설 등의 기반시설 중 지역의 거점 역할을 수행하는 시설을 중심으로 주변지역을 집중적으로 정비할 필요가 있는 지역
6. 그 밖에 창의적인 지역개발이 필요한 지역으로 대통령령으로 정하는 지역
   ① 산업입지 및 개발에 관한 법률에 따른 도시첨단산업단지
   ② 빈집 및 소규모주택 정비에 관한 특례법에 따른 소규모주택정비사업의 시행구역
   ③ 도시재생 활성화 및 지원에 관한 특별법에 따른 **근린재생형 활성화계획을 수립하는 지역**

■ 핵심 예상 문제 024

24 국토의 계획 및 이용에 관한 법령상 도시지역에서 입지규제최소구역으로 지정할 수 있는 지역에 해당하지 않는 것은?

① 도시·군기본계획에 따른 도심·부도심 또는 생활권의 중심지역
② 빈집 및 소규모주택 정비에 관한 특례법에 따른 소규모주택정비사업의 시행구역
③ 세 개 이상의 노선이 교차하는 대중교통 결절지로부터 5km 이내에 위치한 지역
④ 도시 및 주거환경정비법에 따른 노후·불량건축물이 밀집한 주거지역 또는 공업지역으로 정비가 시급한 지역
⑤ 도시재생 활성화 및 지원에 관한 특별법에 따른 근린재생형 활성화계획을 수립하는 지역

---

② 의견제시기한 : 도시·군관리계획의 결정권자가 도시·군관리계획을 결정하기 위하여 관계 행정 기관의 장과 협의하는 경우 협의 요청을 받은 기관의 장은 그 요청을 받은 날부터 **10일(근무일 기준) 이내**에 의견을 회신하여야 한다.

③ 입지규제최소구역에서의 다른 법률의 적용배제 : 다음의 법률 규정을 적용하지 아니할 수 있다.

1. 주택법에 따른 주택의 배치, 부대시설·복리시설의 설치기준 및 대지조성기준
2. 주차장법에 따른 부설주차장의 설치
3. 문화예술진흥법에 따른 건축물에 대한 미술작품의 설치
4. 건축법에 따른 **공개공지 등의 확보**

④ 의제 : 입지규제최소구역으로 지정된 지역은 **특별건축구역으로 지정된 것으로 본**다.

⑤ 지정제한 : 다른 법률에서 도시·군관리계획의 결정을 의제하고 있는 경우에도 이 법에 따르지 아니하고 입지규제최소구역의 지정과 입지규제최소구역계획을 결정할 수 없다.

⑥ 입지규제최소구역에서의 **행위제한** : 입지규제최소구역에서의 행위제한은 용도지역 및 용도지구에서의 토지의 이용 및 건축물의 용도·건폐율·용적률·높이 등에 대한 제한을 강화하거나 완화하여 따로 **입지규제최소구역계획으로 정한다**. 즉, 입지규제최소구역계획이 도시·군관리계획의 내용이므로 입지규제최소구역에서의 행위제한은 도시·군관리계획의 내용이다.

01 하나의 대지가 2 이상의 용도지역 · 용도지구 또는 용도구역에 걸친 경우

(1) 토지의 경우

① 하나의 대지가 2 이상의 용도지역 등에 걸치는 경우 가장 작은 부분의 규모가 330m²(도로변을 따라 띠모양으로 지정된 상업지역 ⇨ 또띠상 660m²) 이하인 경우

⇨ 면적전체에 건폐율 및 용적률은 가중평균한 값을 적용하고 *주의! 각각의 의미

⇨ 그 밖의 건축 제한은 가장 넓은 면적이 속하는 용도지역에 관한 규정을 적용한다.

② 용적률 300%란? ⇨ 최대건축연면적이 대지면적의 3배가 되는 것을 말한다.

③ 문제해결공식 *주의! 최대 건축 연면적 계산문제 ⇨ 무조건 각각 곱해서 더해라

대지로 조성된 1,000m²의 토지가 그 중 700m²는 제2종 일반주거지역, 나머지는 제1종 일반주거지역에 걸쳐 있을 때, 이 토지에 건축할 수 있는 건축물의 최대 연면적은? (다만, 제2종 일반주거지역 및 제1종 일반주거지역의 용적률의 최대한도는 각각 200% 및 150%이다.) = 1,850m²

전체면적 기재(m²)		
용도지역 기재( )	용도지역 기재( )	
대지면적 기재(m²)	대지면적 기재(m²)	
용적률 기재 (%)	용적률 기재 (%)	최대 건축 연면적 기재
연면적 기재 (m²) +	연면적 기재 (m²)	= (m²)

(2) 건축물의 경우

① 고도지구 : 건축물이 고도지구에 걸쳐 있는 경우에는 그 건축물 및 대지의 전부에 대하여 고도지구의 건축물 및 대지에 관한 규정을 적용한다.

② 방화지구 : 하나의 건축물이 방화지구와 그 밖의 용도지역 · 용도지구 또는 용도구역에 걸쳐 있는 경우에는 그 전부(건축물)에 대하여 방화지구 안의 건축물에 관한 규정을 적용한다. 다만, 그 건축물이 있는 방화지구와 그 밖의 용도지역 · 용도지구 또는 용도구역의 경계가 건축법의 규정에 따른 방화벽으로 구획되는 경우에는 각각을 적용한다. ▶ 대지 전부[×]

(3) 녹지지역과 그 외 지역 ⇨ 각각(건폐율 및 용적률, 그 밖의 건축 제한)적용(규모가 가장 작은 부분이 녹지지역으로서 해당 녹지지역이 330m² 이하인 경우는 제외한다) 다만, 녹지지역의 건축물이 고도지구 또는 방화지구에 걸쳐 있는 경우에는 위 (2)의 규정에 따른다.

■ **핵심 예상 문제** 025 ■

25 A시에서 甲이 소유하고 있는 1,000m²의 대지는 제1종 일반주거지역에 800m², 제2종 일반주거지역에 200m²씩 걸쳐 있다. 甲이 대지 위에 건축할 수 있는 최대 연면적이 1,200m²일 때, A시 조례에서 정하고 있는 제1종 일반주거지역의 용적률은 _____이다(다만, 조례상 제2종 일반주거지역의 용적률은 200%이며, 기타 건축제한은 고려하지 않음).

01 도시 · 군계획시설

기반시설	(1) 기반시설 ① 교통시설 : 도로 · 철도 · 항만 · 공항 · 주차장 · 자동차정류장 · 궤도 · 차량검사 및 면허시설 ② 공간시설 : **광장 · 공원 · 녹지 · 유원지 · 공공공지** ③ 유통 · 공급시설 : 유통업무설비 · 수도 · 전기 · 가스 · 열공급설비 · **방송 · 통신시설 · 공동구** · 시장 ④ 공공 · 문화체육시설 : 학교 · 공공청사 · 문화시설 · 공공필요성이 인정되는 체육시설 · 연구시설 · 사회복지시설 · 공공직업훈련시설 · 청소년수련시설[운동장×] ⑤ 방재시설 : **하천 · 유수지 · 저수지** · 방화설비 · 방풍설비 · 방수설비 · 사방설비 · 방조설비 ⑥ 보건위생시설 : **장사시설 · 종합의료시설 · 도축장** ⑦ 환경기초시설 : 하**수**도 · **폐**기물처리 및 재활용시설 · **빗물**저장 및 이용시설 · **수**질오염방지시설 · **폐**차장

■ **핵심 예상 문제 026**

26 국토의 계획 및 이용에 관한 법률상 기반시설의 종류와 그 해당 시설의 연결로 틀린 것은?

① 교통시설 – 차량 검사 및 면허시설

② 유통 · 공급시설 – 방송 · 통신시설

③ 방재시설 – 하천

④ 공간시설 – 장사시설

⑤ 환경기초시설 – 폐차장

도시 · 군 계획시설	(2) 도시 · 군계획시설 : 기반시설 중 도시 · 군관리계획으로 결정된 시설을 말한다. 도시 · 군관리계획으로 결정하지 아니하고 설치할 수 있는 기반시설 : **주차장, 사회복지시설, 열공급설비, 방송통신시설, 시장, 장사시설, 종합의료시설, 공원의 기반시설**, 공공청사 · 공공필요성이 인정되는 체육시설 · 청소년수련시설 · **폐차장**, 전세버스운송사업용 여객자동차터미널, 광장 중 건축물부설광장, 전기공급설비(발전소 · 변전소는 제외), 대지면적이 500m² 미만인 도축장, 폐기물처리시설 중 폐기물처리 및 재활용시설

공동구	(3) 공동구(하수도관, 가스관은 공동구협의회의 심의를 거쳐 수용할 수 있다.) ① 200만㎡를 초과[택지개발지구, 경제자유구역, 도시개발구역, 정비구역, 도청이전신 도시, 공공주택지구]하는 **사업시행자**는 공동구를 **설치**하여야 한다. ② 공동구설치비용 : 점용**예정자**와 사업**시행자**가 부담한다.(관리비 ⇨ **점용하는 자**가 함 께 부담하되, 부담비율은 점용면적을 고려하여 공동구관리자가 정한다). ③ 공동구관리자 : 특별시장·광역시장·특별자치시장·특별자치도지사·시장·군수 ④ 공동구의 안전 및 유지관리계획 : 5년마다 수립·시행 / 안전점검 : 1년에 1회 이상 ⑤ 의무적 수용 : 공동구가 설치된 경우에는 공동구에 수용**하여야**할 시설이 **모두 수용** 되도록 하여야 한다. ⇨ 위반시 (2년 이하의 징역 또는 2천만원 이하의 벌금) ⑥ 사용허가 : 공동구 설치비용을 부담하지 아니한 자[완납하지 아니한 자]가 공동구를 점용하거나 사용하려면 그 공동구를 관리하는 공동구관리자의 허가를 받아야 한다.

■ **핵심 예상 문제 027** ■

27 국토계획법령상 공동구 등에 관한 다음 설명 중 틀린 것은?

① 하수도관, 가스관은 공동구협의회의 심의를 거쳐 공동구에 수용할 수 있다.

② 「지역 개발 및 지원에 관한 법률」에 따른 지역개발사업구역에서 100만㎡를 초과하는 개
발사업을 시행하는 자는 공동구를 설치하여야 한다.

③ 공동구의 설치에 필요한 비용은 이 법 또는 다른 법률에 특별한 규정이 있는 경우를 제외
하고는 공동구 점용예정자와 사업시행자가 부담한다.

④ 공동구 설치비용 부담액을 완납하지 않은 자가 공동구를 점용하려면 그 공동구를 관리하
는 공동구 관리자의 허가를 받아야 한다.

⑤ 공동구관리자는 5년마다 해당 공동구의 안전 및 유지관리계획을 수립·시행하여야 하며,
공동구관리자는 1년에 1회 이상 공동구의 안전점검을 실시하여야 한다.

광역시설	(4) 광역시설 : **국가계획으로 설치한 광역시설은 법인**이 설치·관리할 수 있다.
단계별 집행계획	(1) 수립(입안권자) : 도시·군계획시설결정**고시일부터 3개월 이내 수립**하여야 한다. 도시·군관리계획의 결정이 **의제시에는 2년 이내 수립**할 수 있다. [심의×, 승인×] (2) 단계별 집행계획 종류: 1단계 집행계획(3년 이내)과 2단계 집행계획(3년 이후) ▶123

02 도시·군계획시설사업 시행절차

(1) 행정청인 도시·군계획시설사업의 시행자(입안권자)

① 특별시장·광역시장·특별자치시장·특별자치도지사·시장·군수 ⇨ **관할구역** 사업시행

② 국토교통부장관[국가계획], 도지사[**광역도시계획**과 관련]

(2) 민간시행자 지정: **면적의 2/3 이상** 소유와 **총수의 1/2 이상** 동의 ▶ 한국토지주택공사 동의 ×

(3) 행정심판 : 행정청이 아닌 시행자의 처분 ⇨ **지정한 자**에게 제기[행정청도 행정심판제기 가능]

(4) 도시·군계획시설사업 시행자 보호조치

　① 사업의 분할 시행(분할된 지역별 실시계획 작성)

　② 관계 서류의 무상열람·교부청구

　③ 공시송달(행정청이 아닌 시행자는 국토교통부장관, 시·도지사, 대도시 시장의 승인)

　④ 국공유지 처분제한 : 위반 ⇨ 무효

　⑤ 토지 등의 수용·사용

　⑥ 타인토지의 출입 등

■ **핵심 예상 문제 028**

28 국토의 계획 및 이용에 관한 법령상 도시·군계획시설사업(이하 '사업')에 관한 설명으로 틀린 것은?

　① 같은 도의 관할구역에 속하는 둘 이상의 시·군에 걸쳐 시행되는 사업의 시행자를 정함에 있어 관계 시장·군수간 협의가 성립되지 않는 경우에는 관할 도지사가 시행자를 지정한다.

　② 도지사는 광역도시계획과 관련되는 경우 관계 시장 또는 군수의 의견을 들어 직접 사업을 시행할 수 있다.

　③ 시행자는 사업을 효율적으로 추진하기 위하여 필요하다고 인정되면 사업시행대상지역을 분할하여 사업을 시행할 수 있다.

　④ 도시·군관리계획결정을 고시한 경우 사업에 필요한 국공유지는 그 도시·군관리계획으로 정해진 목적 외의 목적으로 양도할 수 없다.

　⑤ 한국토지주택공사가 사업의 시행자로 지정을 받으려면 사업대상인 사유토지의 소유자 총수의 2분의 1 이상의 동의를 받아야 한다.

03　수용·사용★★　　　　　　　　　　　　　　　　　　　　　　▶ 인접지 수용[×]

① 모든 시행자가 도시·군계획시설사업에 필요한 소유권, 소유권 외의 권리를 수용·사용할 수 있다.

② **인**접한 토지·건축물 등은 일시 **사용**[▶수용×]할 수 있다.

③ **실시계획의 고시가** 있는 때에는 공익사업을 위한 토지 등의 취득 및 보상에 관한 법률에 따른 **사업인정** 및 **고시가 있었던 것으로 본다.**

④ 공익사업을 위한 토지 등의 취득 및 보상에 관한 법률을 준용한다.

⑤ 재결신청기간의 특례 ⇨ 사업시행기간 내[1년×]

04 타인토지출입 등★★

① 타인의 토지에 **출입**하고자 하는 자는 **7**일 전까지 소유자·점유자·관리인에게 통지
   ⇨ 장애물의 변경**제거**, 재료적치장이나 임시통로로 일시**사용시 3일 전 통지**
② 타인의 토지 출입시 비행정청 ⇨ 특별시장·광역시장·특별자치시장·특별자치도지사·시장 또
   는 군수 ⇨ 허가(○), **행정청** ⇨ 허가[×], 승인[×]
③ 타인의 토지를 재료적치장 또는 임시통로로 일시사용하거나 나무·흙·돌 등의 장애물을 변경·
   제거하려는 자는 토지의 소유자·점유자·관리인의 **동의**를 받아야 한다.
④ **일출 전이나 일몰 후**에는 그 토지의 **점유자**의 승낙 없이 타인의 토지에 출입할 수 없다.
⑤ 타인토지에 출입 등의 행위를 하려는 자 ⇨ 증표와 허가증을 관계인에게 내보여야 한다.
⑥ **손실보상의무자는 출입 등의 행위자가 속한 행정청**   [▸ 행위자×, ▸ 입힌자×]
⑦ 허가 없이 출입, 정당한 사유 없이 방해 ⇨ **1,000**만원 이하 **과태료**에 처한다.   [▸ 벌금×]

■ 핵심 예상 문제 029

29 국토의 계획 및 이용에 관한 법령상 도시·군계획시설사업에 관한 측량을 위하여 행하는 토지
에의 출입 등에 관한 설명 중 옳은 것은?

① 타인의 토지에 출입하고자 하는 날의 3일 전까지 해당 토지의 소유자·점유자 또는 관리
   인에게 그 일시와 장소를 통지하여야 한다.
② 행정청인 도시·군계획시설사업의 시행자도 허가받아야 타인의 토지에 출입할 수 있다.
③ 일출 전이나 일몰 후에는 그 토지 소유자의 승낙 없이 택지나 담장 또는 울타리로 둘러싸
   인 타인의 토지에 출입할 수 없다.
④ 행정청인 도시·군계획시설사업의 시행자는 타인의 토지를 재료 적치장 또는 임시통로
   로 일시사용하거나 나무, 흙, 돌, 그 밖의 장애물을 변경 또는 제거하려는 경우 토지의
   소유자·점유자·관리인의 동의를 받아야 한다.
⑤ 타인의 토지에의 출입으로 손실이 발생한 경우 그 행위자가 직접 그 손실을 보상하여야
   한다.

05 10년 미집행 도시·군계획시설부지의 매수청구 [제15,17,18,21,22,23,24,25,26,27,28,29,30,32회]

매수대상	도시·군계획시설사업이 **10년** 이내 미집행부지의 지목이 **대**인 토지(대지의 건축물이나 정착물의 소유자 포함) ⇨ **실시계획 인가가 진행된 경우에는 매수청구할 수 없다.**
청구자	지목이 **대**인 토지소유자 ▸ 임야[×], 잡종지[×]
매수 의무자	㉠ 원칙: 특별시장·광역시장·특별자치시장·특별자치도지사·시장 또는 군수 ㉡ 예외: 시설사업의 시행자 ⇨ 시설의 설치·관리의무자(서로 다르면 설치의무자)

매수기간	매수청구일부터 **6개월** 이내 매수 여부의 결정 통지, 매수결정 통지일부터 **2년 이내 매수**
매수가격	매수절차 : **공**익사업을 위한 토지 등의 **취**득 및 보상에 관한 **법**률 준용 ▶공시지가[×]
도시 · 군계획시설채권	㉠ 원칙 : 현금 지급 ㉡ 예외 : 다음은 매수의무자가 **지방자치단체**인 경우 도시 · 군계획시설 **채권**을 **발행지급** • 토지소유자가 **원**하는 경우 • **부**재부동산 소유자의 토지 또는 **비**업무용 토지의 매수대금이 **3**천만원을 **초과**하는 경우 초과하는 금액에 대하여 지급(부비3) ▶2천[×], 전부[×] ㉢ 상환기간 : **10년** ⇨ **채**권발행 : **지방**재정법 준용
개발허가	건축물 등의 건축 : 매수거부 · 매수지연시 **허가**를 받아 ① **3**층 이하인 단독주택 ▶다가구주택×, ▶다세대주택× ② **3**층 이하인 제1종 근린생활시설 · 제2종 근린생활시설(단란주점, 안마시술소, 노래연습장, 다중생활시설 제외) ③ **공**작물
실효	도시 · 군계획시설 결정이 고시된 도시 · 군계획시설에 대해 고시일부터 **20년**이 지날 때까지 해당 시설의 설치에 관한 도시 · 군계획시설사업이 시행되지 아니하는 경우 그 도시 · 군계획시설 결정은 고시일부터 **20년**이 되는 날의 **다음 날**에 효력을 잃는다.[지목불문]

30 매수의무자인 지방자치단체가 매수청구를 받은 장기미집행 도시 · 군계획시설부지 중 지목이 대(垈)인 토지를 매수할 때에 관한 설명으로 옳은 것은?

① 도시 · 군계획시설 결정 · 고시일부터 10년 이내에 사업이 시행되지 아니하여도 도시 · 군계획시설사업의 실시계획인가가 있는 경우에는 매수청구를 할 수 없다.

② 비업무용 토지로서 매수대금이 2천만원을 초과하는 경우 매수의무자는 그 초과하는 금액에 대해서 도시 · 군계획시설채권을 발행하여 지급할 수 있다.

③ 매수의무자는 매수청구를 받은 날부터 2년 이내에 매수 여부를 결정하여 토지소유자와 시장에게 알려야 하며, 매수결정을 통지한 날부터 6개월 이내에 매수하여야 한다.

④ 매수의무자가 매수하지 아니하기로 결정한 경우 매수청구자는 개발행위허가를 받아 3층의 다가구 주택을 건축할 수 있다.

⑤ 매수청구된 토지의 매수가격은 공시지가로 한다.

⑥ 도시 · 군계획시설 결정이 고시일부터 20년이 지날 때까지 그 사업이 시행되지 아니한 경우 20년이 되는 날에 그 효력을 잃는다.

⑦ 매수의무자가 지방공사인 경우 토지소유자가 원하는 경우에 도시 · 군계획시설채권을 발행하여 대금을 지급할 수 있으며, 상환기간은 10년 이내로 한다.

01 지구단위계획구역

▶ 지구단위계획구역[전부 또는 일부]

도시지역

▶ 지구단위계획[일부]

재량적 지정	국토교통부장관, 시·도지사, **시장·군수**는 다음의 **전부** 또는 **일부**를 지구단위계획구역으로 지정할 수 있다. ① 용도지구, 도시개발구역, 정비구역, 택지개발지구, 산업단지, 시범도시, 관광특구 등 ② 개발제한구역, 도시자연공원구역, 시가화조정구역, 공원에서 **해제** 되는 구역 ③ 녹지지역에서 주거·상업·공업지역으로 **변경**되는 구역 등
의무적 지정★	① **정**비구역, **택**지개발지구에서 사업이 끝난 후 **10**년이 지난 지역 [▶도시개발구역×] ② **공**원, **시**가화조정구역에서 **해제**되는 면적이 **30**만m² 이상인 지역 ③ **녹**지지역에서 **주**거지역·**상**업지역·**공**업지역으로 변경되는 면적이 **30**만m² 이상 ▶ 개발제한구역에서 해제되는 구역과 도시개발구역은 규모, 기간 불문하고 지구단위계획구역으로 지정할 수 있다.

핵심 예상 문제 031

31 국토의 계획 및 이용에 관한 법령상 지구단위계획구역에 관한 설명으로 옳은 것은?

① 주택법에 따라 대지조성사업지구로 지정된 지역의 전부에 대하여 지구단위계획구역을 지정할 수는 없다.

② 지구단위계획의 수립기준은 시·도지사가 국토교통부장관과 협의하여 정한다.

③ 택지개발지구에서 사업이 끝난 후 5년이 지난 지역은 지구단위계획구역으로 지정하여야 한다.

④ 도시개발법에 따라 지정된 20만m²의 도시개발구역에서 개발사업이 끝난 후 10년이 지난 지역은 지구단위계획구역으로 지정하여야 한다.

⑤ 개발제한구역에서 해제되는 지역으로서 체계적·계획적인 개발 또는 관리가 필요한 지역 중 면적이 30만m²인 지역은 지구단위계획구역으로 지정할 수 있다.

도시지역 외의 지역

▶ 계개용

계획관리 지역	계획관리지역이 50% 이상이고 나머지 용도지역은 생산관리지역이나 보전관리지역 ① 일정 규모 이상일 것 ⇨ 원칙(주거형 : 아파트, 연립주택 건설계획): 30만m² 이상 ⇨ 예외(산업형) : 3만m² 이상 ② 기반시설 공급할 수 있을 것 ③ 문화재의 훼손우려가 없을 것

개발진흥 지구★	① **주거**개발진흥지구, 복합개발진흥지구(주거기능이 포함된 경우) 및 **특정**개발진흥지구 : **계획**관리지역 ② **산업·유통**개발진흥지구, 복합개발진흥지구(주거기능이 포함되지 않은 경우) : **농**림지역·**생**산관리지역·**계획**관리지역 ③ **관광·휴양**개발진흥지구 : 도시지역 외(**관**리지역·**농**림지역·**자**연환경보전지역)

용도지구를 폐지하고 용도지구에서의 행위제한 등을 지구단위계획으로 대체하려는 지역

02 지구단위계획

지구단위 계획내용★	① **지구단위계획의 필수 포함사항(용기 set)** : 건축물의 **용도제한**, **기반시설**의 배치와 규모, 건축물의 **건폐율, 용적률, 높이**의 최고·최저한도 ② 시행령상 세분된 용도지역 또는 용도지구를 그 경계의 범위 안에서 세분 또는 변경하는 사항은 지구단위계획의 내용이다. ➡ **이름의 변경이 없으면 지구단위계획** ▶ 전용주거지역을 준주거지역으로 변경 지구단위계획[○] ▶ 주거개발진흥지구를 복합개발진흥지구로 변경 지구단위계획[○]

■ 핵심 예상 문제 032

32 국토의 계획 및 이용에 관한 법령상 지구단위계획의 내용에 반드시 포함되어야 하는 사항이 아닌 것은?

① 건축선에 관한 계획
② 건축물의 건폐율
③ 건축물 높이의 최고한도 또는 최저한도
④ 건축물의 용도제한
⑤ 대통령령으로 정하는 기반시설의 배치와 규모

완화	① **지구단위계획구역에서는 지구단위계획**(일정 기간 내 철거가 예상되는 경우 등 대통령령으로 정하는 가설건축물은 제외한다)**에 맞게 건축**하거나 건축물의 용도를 변경**하여야 한다.(깡패)** ➡ 위반시 2년 이하의 징역 또는 2천만원 이하의 벌금에 처한다. ② 건축기준의 완화 : 대지분할제한(×), 건축선 완화(×), 대지안의 공지(×)
수립효과	① 도시지역의 지구단위계획구역 ➡ 용도지역 또는 용도지구 ➡ 건폐율의 150% 및 용적률의 200% 이내에서 완화하여 적용 ▶ 도시지역의 주차장 설치기준 100% 완화 : 한옥마을, 차량진입금지구간, 차 없는 거리, 보행자 전용도로　　　　　　　　　　　　▶ 높이의 120% 이내에서 완화 ② 도시지역 외의 지구단위계획구역 ➡ 용도지역 또는 개발진흥지구 ➡ 건폐율의 150% 및 용적률의 200% 완화　　　　　　※ **최대완화 건폐율 = 60%, 용적률 = 200%** ③ 방재지구의 재해저감대책에 부합하게 재해예방시설을 설치하는 건축물의 경우 용도지역에서는 해당 **용적률의 140퍼센트 이하**[120% 완화×]**의 범위**에서 도시·군계획조례로 정하는 비율로 할 수 있다.

수립효과	④ 공공시설부지로 제공시 건폐율 완화 [제공비율 만큼 완화] = 건폐율 + [건폐율×제공면적/원래의 대지면적] 높이 완화 [제공비율 만큼 완화] = 높이 + [높이×제공면적/원래의 대지면적] 용적률 완화 **용적률 + [1.5×용적률×제공면적/제공 후 면적]** **예제** 국토의 계획 및 이용에 관한 법령상 도시지역의 지구단위계획구역에서 제2종 전용주거지역인 1,000㎡의 대지에 건축물을 건축하려는 자가 그 대지 중 400㎡을 공공시설부지로 제공하는 경우 그 건축물에 적용되는 최대 건축연면적은? (단, 제2종 전용주거지역 및 공공시설 제공부지에 적용되는 용적률은 100%이고, 용적률의 상한은 고려하지 않음) **해설** 용적률 = 100 + [1.5×100×400/600] = 200% 대지면적은 600 [400는 기부채납] 용적률 = 200%[2배] = 1,200㎡
실효$^{★★}$	① 지구단위계획구역의 지정에 관한 도시·군관리계획 결정의 고시일부터 **3년** 이내에 지구단위계획이 결정·고시되지 아니하면 그 **3년**이 되는 날의 **다음 날**에 지구단위계획구역의 지정에 관한 도시·군관리계획결정은 효력을 잃는다. ② 지구단위계획(**주민이 입안을 제안**한 것에 한정한다)에 관한 도시·군관리계획결정의 고시일부터 **5년** 이내에 이 법 또는 다른 법률에 따라 허가·인가·승인 등을 받아 사업이나 공사에 착수하지 아니하면 그 **5년**이 된 날의 **다음 날**에 그 지구단위계획에 관한 도시·군관리계획결정은 효력을 잃는다.

■ 핵심 예상 문제 033

33 국토의 계획 및 이용에 관한 법령상 지구단위계획구역과 지구단위계획에 관한 설명으로 틀린 것은? (단, 조례는 고려하지 않음)

① 지구단위계획이 수립되어 있는 지구단위계획구역에서 공사기간 중 이용하는 공사용 가설건축물을 건축하려면 그 지구단위계획에 맞게 하여야 한다.

② 지구단위계획구역의 지정에 관한 도시·군관리계획결정의 고시일부터 3년 이내에 그 지구단위계획구역에 관한 지구단위계획이 결정·고시되지 아니하면 그 3년이 되는 날의 다음 날에 그 지구단위계획구역의 지정에 관한 도시·군관리계획결정은 효력을 잃는다.

③ 시장 또는 군수가 입안한 지구단위계획구역의 지정·변경에 관한 도시·군관리계획은 시장 또는 군수가 직접 결정한다.

④ 지구단위계획으로 한옥마을의 보존을 목적으로 하는 경우 주차장법에 따른 주차장 설치기준을 최대 100%까지 완화하여 적용할 수 있다.

⑤ 도시지역 외의 지구단위계획으로 해당 용도지역 또는 개발진흥지구에 적용되는 건폐율의 150% 및 용적률의 200% 이내에서 완화하여 적용할 수 있다.

01 **개발행위허가★★**   ▶ 도시 · 군계획사업 ⇨ 공적개발 ⇨ 허가(×)

다음은 특별시장 · 광역시장 · 특별자치시장 · 특별자치도지사 · 시장 · 군수의 허가를 받아야 한다.
다만, 도시 · 군계획사업(도시 · 군계획시설사업 + 개발사업 + 정비사업)은 허가 ×

① 건축물의 건축 ⇨ 준공검사(○)

② 공작물의 설치[비닐하우스에 설치하는 육상어류양식장을 허가(○) ⇨ 자연환경보전지역에서의 농림어업용 비닐하우스는 허가(○)] ⇨ 준공검사(○)

③ 토지의 형질변경(⇨ 공유수면 매립) 경작을 위한 토지의 형질변경허가(×), 지목 변경 수반 시 ⇨ 허가(○), 전답사이의 변경 ⇨ 허가(×) ⇨ 준공검사(○)

④ 토석의 채취(형질변경을 목적으로 하지 않는 토석채취) ⇨ 준공검사(○)

⑤ 토지분할(건축법에 따른 건축물이 있는 대지 제외 ⇨ 건축법을 적용) ⇨ 준공검사(×)

⑥ 쌓고 녹지지역 · 관리지역 · 자연환경보전지역 안에서 건축물의 울타리 안에 위치하지 아니한 토지에 1개월 이상 쌓아놓는 행위(농림×) ⇨ 준공검사(×)

✔ 재해복구 또는 재난수습을 위한 응급조치 ⇨ 1개월 이내에 신고하여야 한다.

✔ 경미한 사항을 변경(사업기간을 단축, 부지면적 및 건축물 연면적을 5% 범위에서 축소하는 경우, 공작물의 무게, 부피 또는 수평투영면적을 5퍼센트 범위에서 축소하는 경우, 공작물의 위치를 1m 범위에서 변경하는 경우 등)한 때에는 통지하여야 한다(허가받지 아니한다)

■ 핵심 예상 문제 034

34 국토의 계획 및 이용에 관한 법령상 원칙적으로 허가를 요하는 개발행위는?

　① 농림지역에서 육상어류양식장 용도의 비닐하우스 설치

　② 건축법상 허가 또는 신고대상에 해당하지 아니하는 건축물의 건축

　③ 지목변경 없이 비포장으로 높이 45cm와 깊이 45cm의 절토 및 성토

　④ 조성이 완료된 기존 대지에서 건축물 그 밖의 공작물의 설치를 위한 토지의 형질변경(절토 · 성토는 제외한다)

　⑤ 일반재산을 양여하기 위한 분할

02 **허가신청서 제출**

① 개발밀도관리구역에서는 기반시설의 설치 또는 용지의 확보계획서를 제출하지 아니한다.

② 15일(협의 · 심의기간은 제외) 이내에 허가 또는 불허가의 처분

③ 허가규모 ▶ 보전관리지역 = 3만m² 미만

    ⇨ 주거지역·상업지역·생산녹지지역·자연녹지지역 1만m² 미만

    ⇨ 농림지역·공업지역·관리지역 3만m² 미만

    ⇨ 보전녹지지역·자연환경보전지역은 5천m² 미만

03 의견청취 ▶ 동의[×]

도시·군계획사업 시행자, 공공시설 관리청의 의견을 들어야 한다.

04 협의·심의

① 협의 요청을 받은 관계 행정기관의 장은 요청을 받은 날부터 20일 이내에 의견을 제출

② **지구단위계획** 또는 **성장관리계획**을 수립한 지역은 도시계획위원회의 **심의를 생략**가능

05 허가·불허가 처분·조건부 허가

① 15일 이내(심의 또는 협의기간을 제외)에 허가 또는 불허가의 처분을 하여야 한다.

② 조건부로 개발행위허가를 할 수 있다. ⇨ 허가신청인의 의견을 들어야 한다.

06 이행보증금 ▶ 공적주체 ⇨ 이행보증금을 예치[×]

① **굴**착, **비**탈면의 조경, **발**파, **차**량통행, **기**반시설의 설치 ⇨ 총공사비(산지에서의 개발행위 : 복구비를 합하여)의 20% 이내에서 조례로 정함 ⇨ 준공검사 ⇨ 반환 ⇨ 원칙 : 현금 ⇨ 예외 : 이행보증서

② **국가·지방자치단체, 공공기관, 공공단체**가 개발행위시 ⇨ **이행보증금을 예치하지 아니한다**.

07 위반시 조치

원상회복명령 ⇨ 불이행시 ⇨ 행정대집행 ⇨ 이행보증금 사용 ⇨ 3년/3천만원 이하 벌금

■ 핵심 예상 문제 035

35 국토의 계획 및 이용에 관한 법령상 개발행위허가에 관한 설명으로 옳은 것은?

① 토석채취나 토지분할에 대해 개발행위허가를 받은 자가 그 개발행위를 마치면 준공검사를 받아야 한다.

② 재해복구나 재난수습을 위한 응급조치를 한 경우에는 1개월 이내에 허가를 받아야 한다.

③ 개발행위허가를 받은 부지면적 또는 건축물 연면적을 5% 범위에서 축소하거나 확대하는 경우에는 변경허가를 받을 필요가 없다.

④ 도시·군계획사업에 의하지 않는 개발행위로서 주거지역 내 면적 9,000m²의 토지형질변경을 하는 경우에는 허가를 요하지 아니한다.

⑤ 지구단위계획이 수립된 지역에서는 토석채취량이 3만m³ 이상이라 하더라도 도시계획위원회의 심의를 거지치 아니하고 허가를 받을 수 있다.

08 개발행위허가 제한★★　　　　　　　　　　　　　　　　　　▶ 광역도시계획을 수립하고 있는 지역[×]

① 녹계수우~~ 오염 손상(최장 3년)

> 1. **녹**지지역이나 **계**획관리지역으로서 **수**목이 집단적으로 자라고 있거나 조**수**류 등이 집단적으로 서식하고 있는 지역 또는 **우**량농지로 보전할 필요가 있는 지역
> 2. 개발행위로 주변환경·경관·미관·문화재 등이 크게 **오염**되거나 **손상**될 우려가 있는 지역

② 기관지기2(최장 5년)　　　　　　　　　　　　　　　　　　　　　　▶ 연장은 심의 없다.

> 1. 도시·군**기**본계획 또는 도시·군**관**리계획을 수립하고 있는 지역
> 2. **지**구단위계획구역으로 지정된 지역
> 3. **기**반시설부담구역으로 지정된 지역

■ **핵심 예상 문제 036**　　　　　　　　　　　　　　　　　　　　　　　　　　　　　　■

36 도시·군관리계획상 특히 필요한 경우 최장 5년간 개발행위허가를 제한할 수 있는 지역을 모두 고른 것은?

> ㉠ 녹지지역이나 계획관리지역으로서 수목이 집단적으로 자라고 있거나 조수류 등이 집단적으로 서식하고 있는 지역 또는 우량 농지 등으로 보전할 필요가 있는 지역
> ㉡ 개발행위로 인하여 주변의 환경·경관·미관·문화재 등이 크게 오염되거나 손상될 우려가 있는 지역
> ㉢ 도시·군기본계획 또는 도시·군관리계획을 수립하고 있는 지역으로서 그 도시·군관리계획이 결정될 경우 용도지역·용도지구 또는 용도구역의 변경이 예상되고 그에 따라 개발행위허가의 기준이 크게 달라질 것으로 예상되는 지역
> ㉣ 지구단위계획구역으로 지정된 지역
> ㉤ 기반시설부담구역으로 지정된 지역

① ㉠, ㉡, ㉢　　　　　　　② ㉠, ㉡, ㉤　　　　　　　③ ㉡, ㉢, ㉣

④ ㉡, ㉢, ㉤　　　　　　　⑤ ㉢, ㉣, ㉤

---

09 성장관리계획★★　　　　　　　　　　　　　　　　　　　　　　　▶ 지정대상 : 녹관농자

① 성장관리계획구역 지정 : 특별시장·광역시장·특별자치시장·특별자치도지사·시장 또는 군수는 **녹지지역, 관리지역, 농림지역 및 자연환경보전지역** 중 다음에 해당하는 지역의 전부 또는 일부에 대하여 성장관리계획구역을 지정할 수 있다.　　　　　　▶ 주거지역×, 상업지역×, 공업지역×

> 1. 개발수요가 많아 무질서한 개발이 진행되고 있거나 진행될 것으로 예상되는 지역
> 2. 주변의 토지이용이나 교통여건 변화 등으로 향후 시가화가 예상되는 지역
> 3. 주변지역과 연계하여 체계적인 관리가 필요한 지역
> 4. 「토지이용규제 기본법」에 따른 지역·지구 등의 변경으로 토지이용에 대한 행위제한이 완화되는 지역

37 국토의 계획 및 이용에 관한 법령상 성장관리계획구역을 지정할 수 있는 지역에 해당하지 않는 것은?

① 주변지역과 연계하여 체계적인 관리가 필요한 주거지역

② 개발수요가 많아 무질서한 개발이 진행되고 있는 계획관리지역

③ 개발수요가 많아 무질서한 개발이 진행될 것으로 예상되는 생산관리지역

④ 주변의 토지이용 변화 등으로 향후 시가화가 예상되는 농림지역

⑤ 교통여건 변화 등으로 향후 시가화가 예상되는 자연환경보전지역

---

② 지정절차 : 성장관리계획구역을 지정하려면 미리 주민과 해당 지방의회의 의견을 들어야 하며, 관계 행정기관과의 협의 및 지방도시계획위원회의 심의를 거쳐야 한다.

③ 지방의회 의견제시 : 특별시·광역시·특별자치시·특별자치도·시 또는 군의 의회는 특별한 사유가 없으면 60일 이내에 특별시장·광역시장·특별자치시장·특별자치도지사·시장 또는 군수에게 의견을 제시하여야 하며, 그 기한까지 의견을 제시하지 아니하면 의견이 없는 것으로 본다.

④ 협의시 의견제시 : 협의 요청을 받은 관계 행정기관의 장은 특별한 사유가 없으면 요청을 받은 날부터 30일 이내에 특별시장·광역시장·특별자치시장·특별자치도지사·시장 또는 군수에게 의견을 제시하여야 한다.

⑤ 성장관리계획의 내용 : 특별시장·광역시장·특별자치시장·특별자치도지사·시장 또는 군수는 성장관리계획구역을 지정할 때에는 다음의 사항 중 그 성장관리계획구역의 지정목적을 이루는 데 필요한 사항을 포함하여 성장관리계획을 수립하여야 한다.

> 1. 도로, 공원 등 **기반**시설의 배치와 규모에 관한 사항
> 2. 건축물의 **용도제한, 건축물의 건폐율 또는 용적률**
> 3. 건축물의 배치·형태·색채·**높이**
> 4. 환경관리계획 또는 경관계획 〔▶ 건축선 ×〕
> 5. 그 밖에 난개발의 방지와 체계적인 관리에 필요한 사항으로서 대통령령으로 정하는 사항

⑥ 건폐율 완화 : 성장관리계획구역에서는 다음의 구분에 따른 범위에서 성장관리계획으로 정하는 바에 따라 특별시·광역시·특별자치시·특별자치도·시 또는 군의 조례로 정하는 비율까지 **건폐율을 완화**하여 적용할 수 있다. ▶ 건폐율 +10% 완화

> 1. 계획관리지역 : **50퍼센트** 이하
> 2. 생산관리지역·농림지역 및 대통령령으로 정하는 녹지지역[자연녹지지역과 생산녹지지역]: **30퍼센트** 이하

⑦ 용적률 완화 : 성장관리계획구역 내 계획관리지역에서는 **125퍼센트** 이하의 범위에서 성장관리계획으로 정하는 바에 따라 특별시·광역시·특별자치시·특별자치도·시 또는 군의 조례로 정하는 비율까지 **용적률을 완화**하여 적용할 수 있다.

⑧ 재검토 : 특별시장·광역시장·특별자치시장·특별자치도지사·시장 또는 군수는 **5년마다** 관할구역 내 수립된 성장관리계획에 대하여 대통령령으로 정하는 바에 따라 **그 타당성 여부를 전반적으로 재검토하여 정비**하여야 한다.

⑨ 성장관리계획구역에서의 개발행위 등 : 성장관리계획구역에서 개발행위 또는 건축물의 용도변경을 하려면 그 **성장관리계획에 맞게 하여야 한다**.

38 국토의 계획 및 이용에 관한 법령상 성장관리계획에 관한 설명으로 옳은 것은? (단, 조례, 기타 강화 · 완화조건은 고려하지 않음)

① 시장 또는 군수는 공업지역 중 향후 시가화가 예상되는 지역의 전부 또는 일부에 대하여 성장관리계획구역을 지정할 수 있다.

② 성장관리계획구역 내 생산녹지지역에서는 30퍼센트 이하의 범위에서 성장관리계획으로 정하는 바에 따라 건폐율을 완화하여 적용할 수 있다.

③ 성장관리계획구역 내 보전관리지역에서는 125퍼센트 이하의 범위에서 성장관리계획으로 정하는 바에 따라 용적률을 완화하여 적용할 수 있다.

④ 시장 또는 군수는 성장관리계획구역을 지정할 때에는 도시 · 군관리계획의 결정으로 하여야 한다.

⑤ 시장 또는 군수는 성장관리계획구역을 지정하려면 성장관리계획구역안을 7일간 일반이 열람할 수 있도록 해야 한다.

10 공공시설 등의 귀속★★

구 분	새로운 공공시설	종래 공공시설
행정청인 경우	관리청에 무상귀속	개발행위허가를 받은 자에게 무상귀속
행정청이 아닌 경우	관리청에 무상귀속	공공시설의 설치비용에 상당하는 범위에서 개발행위허가를 받은 자에게 무상양도

39 국토의 계획 및 이용에 관한 법령상 개발행위에 따른 공공시설 등의 귀속에 관한 설명으로 틀린 것은?

① 개발행위허가를 받은 행정청이 기존의 공공시설에 대체되는 공공시설을 설치한 경우에는 새로 설치된 공공시설은 그 시설을 관리할 관리청에 무상으로 귀속된다.

② 공공시설의 관리청이 불분명한 경우 하천에 대하여는 환경부장관을, 도로 등에 대하여는 국토교통부장관을 관리청으로 보고, 그 외의 재산에 대하여는 기획재정부장관을 관리청으로 본다.

③ 개발행위허가를 받은 자가 행정청이 아닌 경우 개발행위허가를 받은 자가 새로 설치한 공공시설은 그 시설을 관리할 관리청에 무상으로 귀속된다.

④ 개발행위허가를 받은 행정청이 기존의 공공시설에 대체되는 공공시설을 설치한 경우에는 종래의 공공시설은 그 행정청에게 무상으로 귀속된다.

⑤ 개발행위허가를 받은 자가 행정청이 아닌 경우 개발행위로 용도가 폐지되는 공공시설은 개발행위허가를 받은 자에게 무상으로 귀속된다.

구 분	개발밀도관리구역(작게 지어라)	기반시설부담구역(돈내라)
지정 대상 지역	도시지역 중 주거지역·상업지역·공업지역 ⇨ 기반시설의 처리·공급 또는 수용능력이 부족할 것으로 **예상**되는 지역 중 기반시설의 설치가 **곤란**한 지역 ☀ 기 개발 ⇨ **주거·상업·공업**지역	**개발밀도관리구역 외의 지역** ⇨ 도로, 녹지 등 기반시설의 설치가 필요한 지역을 대상으로 기반시설을 설치하거나 그에 필요한 용지를 확보하게 하기 위하여 지정·고시하는 구역 ⇨ **학교O[대학 = 고등교육법의 학교은 제외]** ☀ 장래 개발집중 예상
지정 절차	특별시장·광역시장·특별자치시장·특별자치도지사·시장 또는 군수[6짱]	
	심의(지방) ⇨ 고시 ⇨ **주민의견청취** ✕	**주민의견청취** ⇨ 심의(지방) ⇨ 고시
규제강화	건폐율 또는 용적률을 강화하여 적용 용적률 최대한도의 50% 강화	지정의무 : **완화** ⇨ **해제** ⇨ **개발행위허가 건수가 20% 이상** ⇨ **인구증가율이 20% 이상 증가**
실 효	없다.	계획 미수립시 1년 ⇨ 다음 날 해제
지정 기준	국토교통부장관이 정한다. **(학교,2년,20%)**	국토교통부장관 **(최소 10만㎡ 이상)**
	개발밀도관리구역과 기반시설부담구역은 도시·군관리계획의 내용이 아니다. **(중복✕)**	

① 개발밀도관리구역 지정기준[국장 ⇨ 2년, 20% 학교 ⇨ 기반시설 변화[주기적 검토] ⇨ 경계선 분명]

1. 해당 지역의 도로서비스 수준이 매우 낮아 차량통행이 현저하게 지체되는 지역
2. 해당 지역의 도로율이 국토교통부령이 정하는 용도지역별 도로율에 20% 이상 미달하는 지역
3. 향후 2년 이내 해당 지역의 수도에 대한 수요량이 수도시설 시설용량을 초과할 것으로 예상
4. 향후 2년 이내 해당 지역의 하수발생량이 하수시설 시설용량을 초과할 것으로 예상되는 지역
5. 향후 **2년** 이내 해당 지역의 학생수가 **학교**수용능력 **20%** 이상 초과할 것으로 예상되는 지역

■ **핵심 예상 문제 040**

40 **국토의 계획 및 이용에 관한 법령상 개발밀도관리구역에 관한 설명 중 옳은 것은?**

① 개발밀도관리구역에서는 해당 용도지역에 적용되는 용적률의 최대한도의 50% 범위에서 용적률을 강화하여 적용한다.

② 개발밀도관리구역에 대하여는 기반시설의 변화가 있는 경우, 이를 즉시 검토하여 그 구역의 해제 등 필요한 조치를 취하여야 한다.

③ 개발밀도관리구역의 명칭 변경에 대하여는 지방도시계획위원회의 심의를 요하지 아니한다.

④ 공업지역에서의 개발행위로 인하여 기반시설의 수용능력이 부족할 것으로 예상되는 지역 중 기반시설의 설치가 곤란한 지역은 개발밀도관리구역으로 지정될 수 없다.

⑤ 개발밀도관리구역의 지정권자는 국토교통부장관이다.

② 기반시설부담구역의 의무적 지정대상(장래 개발집중 예상) : 특별시장·광역시장·특별자치시장·특별자치도지사·시장 또는 군수는 다음의 지역에 대하여는 기반시설부담구역으로 지정하여야 한다.

> 1. 법령의 제정·개정으로 행위제한이 **완화**되거나 **해제**되는 지역
> 2. 용도지역 등이 변경되거나 **해제**되어 행위제한이 **완화**되는 지역
> 3. 해당 지역의 전년도 개발행위허가건수가 전전년도 **개발행위허가건수보다 20% 이상** 증가
> 4. 해당 지역의 전년도 인구증가율이 그 지역이 속하는 특별시·광역시·특별자치시·특별자치도·시 또는 군의 전년도 **인구증가율보다 20% 이상** 높은 지역

41 **국토의 계획 및 이용에 관한 법령상 기반시설부담구역의 지정대상이 될 수 없는 지역은?**

① 시가화조정구역에서 해제되어 개발행위가 집중된 지역

② 계획관리지역에서 제3종 일반주거지역으로 변경되는 지역

③ 주거지역에서 자연환경보전지역으로 변경되는 지역

④ 전전년도 개발행위허가 건수가 100건이 있으나, 전년도 개발행위허가 건수가 130건으로 증가한 지역

⑤ 전년도 인구증가율이 5%인 시에 속해 있는 지역으로서 전년도 인구증가율이 30%인 지역

---

③ 부담금 부과대상 : 단독주택 및 숙박시설 등 **200m²**를 초과하는 **신축·증축**[기존 건축물을 철거하고 신축 ⇨ 기존 건축물의 건축연면적을 초과하는 건축행위만 부과대상으로 한다.]

④ 기반시설설치비용은 **현금, 신용카드 또는 직불카드로 납부를 원칙**으로 하되, 부과대상 토지 및 이와 비슷한 토지로 하는 납부**(물납)를 인정**할 수 있다. ⇨ 강제징수 : 지방행정·제재 및 부과금의 징수 등에 관한 법률에 따라 징수 ⇨ 특별회계를 설치[사용목적제한]

⑤ 기반시설설치비용을 납부 : **건축행위를 하는 자**(위탁이나 도급한 자, 임차하여 건축행위를 하는 경우에 그 행위자(임차인), 그 지위를 승계한 자)

42 국토의 계획 및 이용에 관한 법령상 기반시설부담구역 등에 관한 설명으로 옳은 것은?

① 기반시설부담구역이 지정되면 시장은 대통령령으로 정하는 바에 따라 기반시설설치계획을 수립하여야 하며, 이를 도시·군기본계획에 반영하여야 한다.

② 고등교육법에 따른 대학은 기반시설부담구역에 설치가 필요한 기반시설에 해당한다.

③ 기반시설설치비용은 현금, 신용카드 또는 직불카드 납부를 원칙으로 하되, 부과대상 토지 및 이와 비슷한 토지로 하는 납부를 인정할 수 있다.

④ 시장 또는 군수는 납부의무자가 건축허가를 받은 날부터 3개월 이내에 기반시설설치비용을 부과하여야 하고, 납부의무자는 사용승인신청 후 7일까지 내야 한다.

⑤ 기반시설부담구역의 지정고시일부터 2년이 되는 날까지 기반시설설치계획을 수립하지 아니하면 그 2년이 되는 날의 다음 날에 구역의 지정은 해제된 것으로 본다.

⑥ 기반시설유발계수
- 공장 : 0.3~2.5
- 창고 : 0.5
- 단독주택, 공동주택, 노유자시설, 교육연구시설, 야영장시설, 수련시설, 업무시설, 운동시설, 장례시설 : 0.7
- 방송통신시설 : 0.8
- 의료시설 : 0.9
- 숙박시설 : 1.0
- 판매시설, 제1종 근린생활시설, 비금속 광물제품 제조공장 : 1.3
- 종교시설, 문화 및 집회시설, 운수시설 , 자원순환관련시설 : 1.4
- 제2종 근린생활시설 : 1.6
- 관광휴게시설 : 1.9
- 위락시설 : 2.1

43 국토의 계획 및 이용에 관한 법령상 기반시설부담구역에서 기반시설설치비용의 산정에 사용되는 건축물별 기반시설유발계수가 높은 것부터 나열한 것은?

> ㉠ 제2종 근린생활시설   ㉡ 종교시설
>
> ㉢ 판매시설   ㉣ 위락시설

① ㉡ - ㉢ - ㉠ - ㉣   ② ㉢ - ㉠ - ㉣ - ㉡

③ ㉣ - ㉠ - ㉡ - ㉢   ④ ㉣ - ㉡ - ㉢ - ㉠

⑤ ㉣ - ㉢ - ㉡ - ㉠

---

⑦ 청문(각종 취소 전에 항변의 기회 제공) : 국토교통부장관, 시·도지사, 시장·군수 또는 구청장은 다음에 해당하는 처분을 하려면 **청문을 실시하여야 한다**.

> 1. **개**발행위허가의 취소
> 2. **도**시·군계획시설사업의 시행자 지정의 취소
> 3. **실시**계획인가의 취소
>   ⇨ 광역도시계획승인의 취소는 청문 (×)
>   ⇨ 도시·군기본계획승인 취소는 청문 (×)
>   ⇨ 개발밀도관리구역지정 취소는 청문 (×)

44 국토의 계획 및 이용에 관한 법령상 처분에 앞서 청문을 해야 하는 경우만을 모두 고른 것은?

> ㉠ 개발행위허가의 취소
>
> ㉡ 도시·군기본계획 승인의 취소
>
> ㉢ 도시·군계획시설사업의 시행자 지정의 취소
>
> ㉣ 지구단위계획구역 지정의 취소
>
> ㉤ 도시·군계획시설사업 실시계획 인가의 취소

① ㉠, ㉡, ㉢   ② ㉠, ㉢, ㉤

③ ㉠, ㉣, ㉤   ④ ㉡, ㉢, ㉣

⑤ ㉡, ㉣, ㉤

☞건축법 7개중 5개 이상은 나온다. 1~2개 이상한 것은 틀려도 된다.

| THEME | **13 용어정의 · 건축 · 대수선(A+)** [제15,18,19,20,23,24,26,27,28.29,30,31,32회] |

01 건축물

토지에 정착하는 공작물 중 지붕과 기둥 또는 벽이 있는 것과 이에 딸린 시설물[담장, 대문], 지하 또는 고가의 공작물에 설치하는 사무소 · 공연장 · 점포 · 차고 · 창고 그 밖에 대통령령으로 정하는 것을 말한다.

02 지하층*

▶ 1/3[×]

건축물의 바닥이 지표면 **아래**에 있는 층으로 바닥에서 지표면까지의 **평균** 높이가 해당 층 높이의 **1/2** 이상인 것을 말한다.

03 주요구조부**

▶ 수식어 없다.

내력벽 · **기**둥 · **바**닥 · **보** · **지**붕틀 및 **주**계단을 말한다. 다만, 사이 기둥, 최하층 바닥, 작은 보, 차양, 옥외 계단, 그 밖에 이와 비슷한 것으로 건축물의 구조상 중요하지 아니한 부분은 제외한다.

핵심 예상 문제 045

45 건축법령상 '주요구조부'에 해당하지 않는 것만을 모두 고른 것은?

㉠ 지붕틀	㉡ 주계단
㉢ 사이 기둥	㉣ 최하층 바닥

① ㉡
② ㉠, ㉢
③ ㉢, ㉣
④ ㉠, ㉡, ㉣
⑤ ㉠, ㉡, ㉢, ㉣

04 리모델링
▶ 개증대

건축물의 노후화를 억제하거나 기능 향상 등을 위하여 대수선하거나 일부 증축 또는 **개축**하는 행위

05 고층건축물 및 초고층건축물*

① 고층건축물 : 층수가 **30**층 이상이**거나** 높이가 **120**m 이상인 건축물
▶ 3고
② 초고층건축물 : 층수가 **50**층 이상이**거나** 높이가 **200**m 이상인 건축물
▶ 5고

06 다중이용 건축물*
▶ 종교집회장에 모여서 버스타고 관광가서 5천원짜리 약 판다.

① 종교시설, 문화 및 집회시설(**동물원·식물원은 제외**한다), 운수시설 중 여객용 시설, 숙박시설 중 관광숙박시설, 의료시설 중 종합병원, 판매시설에 해당하는 용도로 쓰는 바닥면적의 합계가 **5천㎡ 이상**인 건축물을 말한다. [관광휴게시설×, 교육연구시설×]
② **16층 이상인 건축물[종류불문]**을 말한다.

■ 핵심 예상 문제 046

46 **건축법령상 다중이용 건축물에 해당하는 용도가 아닌 것은?** (단, 16층 이상의 건축물은 제외하고, 해당 용도로 쓰는 바닥면적의 합계는 5천제곱미터 이상임)

    ① 교육연구시설   ② 판매시설

    ③ 운수시설 중 여객용 시설   ④ 종교시설

    ⑤ 의료시설 중 종합병원

---

07 공작물 축조 신고
▶ 옹담2, 4년 넘는 장기광고 첨탑, 8고, 6철탑, 8주 이하, 5 나의 태양, 30대

공작물 축조 신고 ⇨ 특별자치시장·특별자치도지사 또는 시장·군수·구청장에게 신고하여야 한다.

① 높이 **2**m를 넘는 **옹**벽 또는 **담**장
② 높이 **4**m를 넘는 **장식탑·기념탑**, **첨탑**, **광고탑·광고**판
③ 높이 **8**m를 넘는 **고**가수조
④ 높이 **6**m를 넘는 굴뚝, 골프연습장 등의 운동시설을 위한 철**탑**과 주거지역 및 상업지역에 설치하는 통신용 철**탑**
⑤ 높이 **8**m **이하**의 기계식**주**차장 및 철골조립식 **주**차장으로서 외벽이 없는 것
⑥ 높이 **5**m를 넘는 **태양**에너지를 이용하는 발전설비
⑦ 바닥면적 **30**㎡넘는 지하**대피호**

47 건축법령상 대지를 조성하기 위하여 건축물과 분리하여 공작물을 축조하려는 경우, 특별자치시장·특별자치도지사 또는 시장·군수·구청장에게 신고하여야 하는 공작물에 해당하지 않는 것은? (단, 공용건축물에 대한 특례는 고려하지 않음)

① 상업지역에 설치하는 높이 8미터의 통신용 철탑

② 높이 4미터의 옹벽

③ 높이 8미터의 굴뚝

④ 바닥면적 40제곱미터의 지하대피호

⑤ 높이 3미터의 장식탑

---

08 전면적 적용지역

① 국토의 계획 및 이용에 관한 법률에 따른 도시지역 및 도시지역 외의 지역에 따른 지구단위계획구역

② 동 또는 읍의 지역(동·읍이 속하는 섬은 인구 500인 이상인 경우에 한함)

09 제한적 적용지역(일부규정만 적용)　　　▶ 건폐율, 용적률, 높이제한은 적용한다.

다음의 사항은 전면적 적용지역 외의 지역에는 적용되지 않는다.

① 대지와 도로의 관계(제44조)　　　② 도로의 지정·폐지 또는 변경(제45조)

③ 건축선의 지정(제46조)　　　④ 건축선에 따른 건축제한(제47조)

⑤ 방화지구의 건축물(제51조)　　　⑥ 대지의 분할제한(제57조)

10 적용제외대상★　　　▶ 철도역사, 군사시설은 건축법 적용한다.

① 문화재보호법에 따른 지정문화재·임시지정**문화재**

② 철도 또는 궤도의 선로부지 안에 있는 운전보안시설 ⇨ 철로 선로의 상하를 횡단하는 보행시설 ⇨ 플랫폼 ⇨ 급수·급탄 및 급유시설

③ **고속도로 통행료 징수시설**

④ **컨테이너**를 이용한 **간이창고**(공장용도로 이동이 쉬운 것만 해당한다)　　　▶ 주거용은 건축법 적용한다.

⑤ 하천법에 따른 하천구역 내의 **수문조작실**

48 다음 건축물 중 건축법의 적용을 받는 것은?

① 대지에 정착된 컨테이너를 이용한 주택

② 철도의 선로 부지에 있는 운전보안시설

③ 문화재보호법에 따른 임시지정문화재

④ 고속도로 통행료 징수시설

⑤ 하천법에 따른 하천구역 내의 수문조작실

---

11 건축★★ [제13,14,15,18,23,25,31회]

신 축	① 건축물이 없는 대지(나대지)에 새로이 축조하는 것 ② **부속**건축물만 있는 대지에 새로이 **주된** 건축물을 축조하는 것
증 축	**기존 건축물**이 있는 대지에서 건축물의 건축면적·연면적·높이·층수를 **증가**시키는 것 (별동의 설치, 담장의 설치)
개 축	① 건축물의 전부·일부를 **해체**하고 종전과 **같은 규모** 범위에서 건축물을 다시 축조 ② 건축물을 전부 해체하고 종전 규모를 초과 ⇨ 신축 (일부 해체 ⇨ 초과 ⇨ 증축)
재 축	① 건축물이 천재지변이나 그 밖의 **재해로 멸실**된 경우 그 대지에 **연면적** 합계는 종전 규모 **이하**이고, 동수, 층수 및 높이가 모두 종전 규모 **이하**로 축조하는 것 ② 건축물이 천재지변이나 그 밖의 **재해로 멸실**된 경우 그 대지에 **연면적** 합계는 종전 규모 **이하**이고, 동수, 층수 또는 높이의 어느 하나가 종전 규모를 **초과**하는 경우에는 해당 동수, 층수 및 높이가 건축법령 등에 적합하게 다시 축조하는 것
이 전	건축물을 주요구조부를 **해체하지 아니하고** 같은 대지의 다른 위치로 옮기는 것

---

49 건축법령상 건축에 관한 용어 설명 중 틀린 것은?

① 건축물을 그 주요구조부를 해체하여 같은 대지의 다른 위치로 옮기는 것은 '이전'에 해당한다.

② 기존 건축물이 있는 대지에서 건축물의 높이를 증가시키는 것은 '증축'에 해당한다.

③ 기존 건축물이 있는 대지에서 건축물의 층수를 증가시키는 것은 '증축'에 해당한다.

④ 건축물이 재해로 멸실된 경우 그 대지에 연면적 합계는 종전 규모 이하이고 동수, 층수 및 높이가 모두 종전 규모 이하로 다시 축조하는 것은 '재축'에 해당한다.

⑤ 기존 건축물의 전부를 해체하고 그 대지에 종전과 같은 규모의 범위에서 건축물을 다시 축조하는 것은 '개축'에 해당한다.

12 대수선★★ [제15,18,20,23,28,31회]   ▶ 창문틀[×], 차양[×], 색채변경[×]

대수선은 건축물의 기둥, 보, 내력벽, 주계단 등의 구조나 외부 형태를 수선·변경하거나 증설하는 다음에 해당하는 것으로서 **증축·개축·재축에 해당하지 아니하는 것**을 말한다.

내	**내**력벽을 증설·해체하거나 그 벽면적을 30m² 이상 수선 또는 변경하는 것
기	**기**둥을 증설·해체하거나 기둥을 3개 이상 수선 또는 변경하는 것
바	방화벽 또는 방화구획을 위한 **바**닥·벽을 증설·해체하거나 수선·변경하는 것
보	**보**를 증설·해체하거나 보를 3개 이상 수선 또는 변경하는 것
지	**지**붕틀을 증설·해체하거나 지붕틀을 3개 이상 수선 또는 변경하는 것
주	**주**계단·피난계단 또는 특별피난계단을 증설·해체하거나 수선 또는 변경하는 것
가세 마감치러	① 다가구주택의 **가**구 간 또는 다세대주택의 **세**대 간 경계벽을 증설·해체하거나 수선 또는 변경하는 것 ② 건축물의 외벽에 사용하는 **마**감재료를 증설 또는 해체하거나 벽면적 30m² 이상 수선 또는 변경하는 것

■ 핵심 예상 문제 050

50 건축법령상 증축·개축·재축에 해당하지 아니하는 것으로서 대수선 행위로 볼 수 없는 것은?

① 내력벽의 벽면적을 30m² 이상 수선 또는 변경하는 행위

② 지붕틀 3개를 증설하여 건축물의 연면적을 넓히는 행위

③ 보를 증설·해체하거나 3개 이상 수선하는 행위

④ 건축물의 방화구획을 위한 바닥 또는 벽을 증설하거나 해체하는 행위

⑤ 다세대주택의 세대 간 경계벽을 수선 또는 변경하는 행위

01 용도분류★
▶ 연초, 다이

① 단독주택 : 단독, 다중주택(취사×, 3개층, 660m² 이하), 다가구주택(3개층, 660, 19세대), 공관

② 공동주택 : 아파트(5개층 이상인 주택), 기숙사

   연립주택 : 660m² 초과하고, 4개층 이하인 주택

   다세대주택 : 660m² 이하이고, 4개층 이하인 주택

③ 제1종 근린생활시설 및 제2종 근린생활시설

제1종 근린생활시설	제2종 근린생활시설
집근처(동네~ ⇨ 동네미용실, 동네의원, 동네목욕장 / 마을~ ⇨ 마을회관·마을공동작업소 / 관공서 ⇨ 지역자치센터·파출소·지구대·소방서·우체국·방송국·보건소·공공도서관) 금융업소, 사무소, 부동산중개사무소, 결혼상담소 등 소개업소, 출판사 등 일반업무시설로서 바닥면적의 합계가 30m² 미만인 것 생활필수시설, 안 아픈 것(탁구장 500m² 미만) 원(1종) ⇨ 이용원·미용원·의원·접골원·안마원 휴게음식점, 제과점(300m² 미만 ⇨ 1종) 전기자동차충전소(해당 용도로 쓰는 바닥면적의 합계가 1천제곱미터 미만인 것으로 한정)	약간 먼 곳(애들 입장 ⇨ 학원 ⇨ 독서실 ⇨ pc방 남자분들 입장 ⇨ 단란주점(150m² 미만) ⇨ 안마시술소 ⇨ 노래연습장 ⇨ 다중생활시설(500m² 미만) 금융업소, 사무소, 부동산중개사무소, 결혼상담소 등 소개업소, 출판사 등 일반업무시설로서 바닥면적의 합계가 30m² 이상 500m² 미만인 것 취미시설, 아픈 것(테니스장·볼링장·당구장·골프연습장등·실내낚시터·총포판매사) 일반음식점(음식+술 ⇨ 2종) 휴게음식점, 제과점(300m² 이상)

④ 문화 및 집회시설 : 동·식물원(동·식물관련시설×)

⑤ 종교시설 : 종교집회장(바닥면적 합계가 500m² 이상)

⑥ 운수시설 : 자동차터미널, 철도역사, 공항, 항만시설

⑦ 의료시설 : 병원 및 요양소, 마약진료소

⑧ 수련시설 : 유스호스텔, 관광진흥법에 따른 야영장 시설(바닥면적 합계가 300m² 이상)

⑨ 업무시설 : 오피스텔

⑩ 숙박시설 : 호텔·콘도, 다중생활시설(500m² 이상), 호스텔

⑪ 위락시설 : 단란주점(150m² 이상), 무도장, 무도학원〈발바닥에 땀나〉 카지노〈손 바닥에 땀나〉

⑫ 창고시설 : 물류터미널(창고), 집배송시설

⑬ 위험물저장 및 처리시설 : 주유소, 충전소, 저장소 ⇨ 뻥이요~~터지면 모두 날라가는 것

⑭ 자동차관련시설 : 매매장, 운전학원 및 정비학원, 전기자동차 충전소로서 제1종 근린생활시설에 해당하지 않는 것(1천제곱미터 이상)

⑮ 관광휴게시설 : 야외음악당, 야외극장, 어린이회관(야광)

⑯ 야영장 시설 : 관광진흥법에 따른 야영장 시설로서 관리동, 화장실, 샤워실, 대피소, 취사시설 등의 용도로 쓰는 바닥면적의 합계가 300m² 미만인 것

51 건축법령상 건축물의 종류와 그 용도분류가 잘못 연결된 것은?

① 자동차터미널, 철도역사, 공항시설, 항만시설 - 운수시설

② 단란주점(150m² 이상), 무도학원, 무도장 - 위락시설

③ 금융업소, 중개사사무소, 결혼상담소, 출판사 등 바닥면적의 합계가 30m² 미만 - 제1종 근린생활시설

④ 야외극장, 야외음악당, 어린이회관 - 관광휴게시설

⑤ 유스호스텔 - 숙박시설

⑥ 안마시술소, 테니스장, 골프연습장, 일반음식점 - 제2종 근린생활시설

⑦ 마을회관, 안마원 - 제1종 근린생활시설

⑧ 휴게음식점 또는 제과점으로서 바닥면적의 합계가 300m² 미만인 것 - 제1종 근린생활시설

---

02 용도변경★★

▶ 특별시장(×), 광역시장(×)

[자산전문 영업교육 근주기] ⇨ 특별자치시장 · 특별자치도지사 · 시장 · 군수 · **구청장**

시 설 군	용 도 군		
1. 자동차관련시설군	자동차관련시설 ⇨ 자동차관련시설로 변경은 무조건 허가다.		
2. 산업등시설군	공장, 창고시설, 자원순환관련시설, 위험물저장 및 처리시설, 묘지관련시설, 장례시설, **운수시설**	암기	공장, 창고, 더럽게, 위험하고, 무서워
3. 전기통신시설군	방송통신시설, 발전시설	암기	방전
4. 문화집회시설군	종교시설, 문화 및 집회시설, 위락시설, 관광휴게시설	암기	종교시설에서 모여 위락시설로 관광 간다.
5. 영업시설군	운동시설, 판매시설, 다중생활시설(제2종 근린생활시설), 숙박시설	암기	운동시설 판매하고 다 잔다.
6. 교육복지시설군	노유자시설, 의료시설, 교육연구시설, 수련시설, 야영장시설	암기	노의교수야
7. 근린생활시설군	제1종 근린생활시설, 제2종 근린생활시설(다중생활시설 제외)		
8. 주거업무시설군	단독주택, 공동주택, 업무시설, 교정시설, 국방 · 군사시설		
9. 그 밖에[기타]시설군	동물 및 식물관련시설 ⇨ 동물 및 식물관련시설로 변경은 무조건 신고다.		

허 가	신 고	건축사 설계	사용승인	변경신청
⇧	⇩	⇧	⇧ ⇩	⇐ ⇨
하위시설군에서 상위시설군으로 용도변경시 특별자치시장·특별자치도지사·시장·군수·구청장에게 허가	상위시설군에서 하위시설군으로 용도변경시 특별자치시장·특별자치도지사·시장·군수·구청장에게 신고	허가대상인 경우로서 용도변경하고자 하는 부분의 바닥면적 합계가 500m² 이상	허가 또는 신고대상인 경우로서 용도변경하고자 하는 부분의 바닥면적 합계가 100m² 이상	원칙적으로 시설군 중 동일한 시설군에서 용도변경하고자 하는 자는 기재사항 변경을 신청

1. 같은 호에 속하는 건축물 상호 간의 용도변경[다중주택을 다가구주택으로 변경, 다세대주택을 연립주택으로 변경]은 건축물 대장 기재내용 변경신청을 하지 아니한다.

2. 원칙적으로 제1종 근생과 제2종 근생 상호간의 용도변경은 건축물대장 기재내용 변경신청을 하지 아니한다.

3. 용도변경하려는 부분의 바닥면적의 합계가 500m² 미만으로서 대수선에 해당되는 공사를 수반하지 아니하는 경우에는 사용승인 규정을 적용하지 아니한다.

4. 건축주는 건축물의 용도를 복수로 하여 건축허가, 건축신고 및 용도변경 허가·신고 또는 건축물대장 기재내용의 변경 신청을 할 수 있다.

■ 핵심 예상 문제 052

52 甲은 A도 B군에서 숙박시설로 사용승인을 받은 바닥면적의 합계가 3천제곱미터인 건축물의 용도를 변경하려고 한다. 건축법령상 이에 관한 설명으로 틀린 것은?

① 의료시설로 용도를 변경하려는 경우에는 용도변경 신고를 하여야 한다.

② 종교시설로 용도를 변경하려는 경우에는 용도변경 허가를 받아야 한다.

③ 甲이 바닥면적의 합계 1천제곱미터의 부분에 대해서만 업무시설로 용도를 변경하는 경우에는 사용승인을 받지 않아도 된다.

④ A도지사는 도시·군계획에 특히 필요하다고 인정하면 B군수의 용도변경허가를 제한할 수 있다.

⑤ B군수는 甲이 판매시설과 위락시설의 복수용도로 용도변경 신청을 한 경우 지방건축위원회의 심의를 거쳐 이를 허용할 수 있다.

01 사전결정신청
▶ 도로점용허가[×], 건축허가 의제[×]

① 허가대상 건축물을 **허가권자**에게 사전결정을 신청할 수 있다. ⇨ 통지[7일 이내]받은 날부터 **2년 이내**에 **건축허가를 신청**(착공신고×)하지 아니하면 ⇨ 사전결정의 효력이 상실된다.

② 통지 효과 : 개발행위허가, 산지전용허가[보전산지인 경우에는 **도시지역**만 해당된다], 농지전용허가, 하천점용허가를 받은 것으로 본다.   ▶ 건축허가를 받으면 도로점용허가 의제된다.

■ 핵심 예상 문제 053

53 건축법령상 건축허가의 사전결정에 관한 설명으로 옳은 것은?

① A도(道) B시(市)에서 30층의 건축물을 건축하려는 자는 건축허가신청 전에 A도지사에게 그 건축물의 건축이 법령에서 허용되는지에 대한 사전결정을 신청하여야 한다.

② 허가권자는 사전결정이 신청된 건축물의 대지면적이 환경영향평가법에 따른 소규모 환경영향평가대상사업인 경우 국토교통부장관과 협의하여야 한다.

③ 사전결정신청자가 사전결정을 통지받은 날부터 2년 이내에 법령에 따른 건축허가를 신청하지 않으면 그 사전결정은 효력을 상실한다.

④ 건축허가 대상 건축물을 건축하려는 자가 허가권자의 사전결정통지를 받은 경우 산지관리법 제14조에 따른 농림지역 안의 보전산지에 대한 산지전용허가를 받은 것으로 본다.

⑤ 사전결정의 신청자는 그 신청시 건축위원회의 심의와 교통영향평가서 검토를 동시에 신청할 수 없다.

02 허가권자★ [제15,17,18,19,21,22,24,25,31회]
▶ 허가권자 ⇨ 국장[×], 도지사[×]

① 원칙 : 특별자치시장 · 특별자치도지사 · 시장 · 군수 · 구청장의 허가

② 예외 : 특별시 · 광역시에 건축하는 경우에는 특별시장 · 광역시장이 허가

   ㉠ 층수가 21층 이상인 건축물, 연면적의 합계가 10만㎡ 이상인 건축물

   ㉡ 연면적 3/10 이상의 증축으로 21층 이상이 되거나 연면적 합계 10만㎡ 이상이 되는 경우
      다만, **공장, 창고** 및 지방건축위원회의 **심의**를 거친 건축물은 제외한다. ⇨ **구청장 허가**
      (단, 초고층건축물은 지방건축위원회의 심의를 거친 경우에도 특별시장 · 광역시장의 허가)

03 소유권 확보 및 매도청구　　　　　　　　　　　　　　　　　　▶ 공시지가[×]

① 소유권 확보 : 건축허가를 받으려는 자는 해당 대지의 소유권을 확보하여야 한다.

② 예외 : 건축주가 대지의 소유권을 확보하지 못하였으나 대지를 사용할 수 있는 권원을 확보한 경우 **[분양을 목적으로 하는 공동주택은 소유권을 확보하여야 한다.]**, 건축주가 건축물의 노후화 또는 구조안전 문제 등 사유로 건축물을 신축·개축·재축 및 리모델링을 하기 위하여 건축물 및 해당 대지의 공유자 수의 100분의 80 이상의 동의를 얻고 동의한 공유자의 지분 합계가 전체 지분의 100분의 80 이상인 경우에는 소유권을 확보하지 아니 하여도 건축허가가 가능하다.

③ 건축허가를 받은 건축주는 해당 건축물 또는 대지의 공유자 중 동의하지 아니한 공유자에게 공유지분을 **시가**로 **매도**할 것을 **청구**할 수 있다. ⇨ 공유자와 3개월 이상 협의하여야 한다.

04 시장·군수가 허가 전에 도지사의 사전승인★★ **[제18,19,21,22,24회]**　　　▶ 교주위숙 : 규모불문

① 특별시·광역시 외의 지역에서 층수가 21층 이상, 연면적의 합계가 10만m² 이상인 건축물 (연면적 3/10 이상 증축) ⇨ **공장, 창고 및 심의**를 거친 건축물은 **사전승인을 받지 아니한다**.

② 자연환경·수질보호 ⇨ 도지사가 지정·공고하는 구역 ⇨ **3층 이상**이거나 연면적 합계 **1천m² 이상** ⇨ 위락시설 및 숙박시설, 공동주택, 일반업무시설, 일반음식점

③ **교**육환경 또는 **주**거환경 ⇨ 도지사가 지정·공고하는 구역 ⇨ **위**락시설 및 **숙**박시설[규모불문]

■ 핵심 예상 문제 054

54 **건축법령상 시장·군수가 건축허가를 하기 위해 도지사의 사전승인을 받아야 하는 건축물은?**

① 연면적의 10분의 2를 증축하여 층수가 21층이 되는 공장

② 연면적의 합계가 100,000m²인 창고

③ 자연환경을 보호하기 위하여 도지사가 지정·공고한 구역에 건축하는 연면적의 합계가 900m²인 2층의 위락시설

④ 주거환경 등 주변환경을 보호하기 위하여 도지사가 지정·공고한 구역에 건축하는 숙박시설

⑤ 수질을 보호하기 위하여 도지사가 지정·공고한 구역에 건축하는 연면적의 합계가 900m²인 2층의 숙박시설

05 허가거부** [제15,17,18,24회]

① 허가권자는 **위**락시설이나 **숙**박시설에 해당하는 건축물의 건축을 허가하는 경우 그 대지에 건축하려는 건축물의 용도·규모 또는 형태가 **교**육환경이나 **주**거환경 등 주변환경을 고려할 때 부적합하다고 인정되는 경우에는 건축위원회의 **심의를 거쳐** 건축허가를 하지 아니할 수 있다.

② 방재지구 및 자연재해위험개선지구 등 상습적으로 침수되거나 침수가 우려되는 지역에 건축하려는 건축물에 대하여 지하층 등 일부 공간을 주거용으로 사용하거나 거실을 설치하는 것이 부적합하다고 인정되는 경우에는 건축위원회의 **심의를 거쳐** 건축허가를 하지 아니할 수 있다.

06 건축허가취소* [제17,19,24회]

▶ 1년 미착수 취소한다.[×]

① 허가를 받은 날로부터 **2년(공장은 3년)** 이내에 공사에 착수하지 아니한 경우(정당한 사유가 있는 경우에는 1년의 범위에서 연장) ⇨ **취소하여야 한다.**

② **2년 이내**에 공사에 착수하였으나 **공사완료가 불가능** ⇨ **취소하여야 한다.**

③ 착공신고 전에 **경매 또는 공매 등**으로 대지의 **소유권을 상실하고 6개월이** 지난 이후 착수가 불가능 ⇨ **취소하여야 한다.**

■ 핵심 예상 문제 055

55 건축법령상 건축허가 등에 관한 설명으로 틀린 것은?

① 21층 이상의 건축물 등 대통령령으로 정하는 용도 및 규모의 건축물을 광역시에 건축하려면 광역시장의 허가를 받아야 한다.

② 건축물의 건축허가를 받으면 국토의 계획 및 이용에 관한 법률에 따른 개발행위허가를 받은 것으로 본다.

③ 허가권자는 방재지구 등 상습적으로 침수되는 지역에 건축하려는 건축물에 대하여 지하층 등 일부 공간을 주거용으로 사용하는 것이 부적합하다고 인정되는 경우 건축위원회의 심의를 거쳐 허가를 거부할 수 있다.

④ 위락시설 또는 숙박시설의 경우 주거환경 또는 교육환경 등을 고려하여 허가를 하지 아니할 수도 있다.

⑤ 허가권자는 허가를 받은 자가 허가를 받은 날부터 2년 이내에 공사에 착수하였으나 공사의 완료가 불가능하다고 인정되는 경우에는 허가를 취소할 수 있다.

07 건축허가제한★★ [제15,17,18,19,21,22,23,24,26,31,32회] ▶ 제한기간 1년(×)

① 국토교통부장관의 제한 : **국토관리상** 필요한 경우, 주무부**장관**이 국방·문화재보존·환경보전 또는 국민경제상 **요청**하는 경우 ⇨ 허가권자의 건축허가나 착공을 제한할 수 있다.

② 특별시장·광역시장·도지사의 건축허가나 착공제한

    ㉠ 지역계획이나 도시·군계획상 ⇨ 시장·군수·구청장의 허가나 착공을 제한할 수 있다.

    ㉡ 특별시장·광역시장·도지사는 제한한 경우 ⇨ **즉시** 국토교통부장관에게 **보고** ⇨ 국토교통부장관은 제한의 내용이 지나치다고 인정하는 경우 ⇨ **해제**를 **명**할 수 있다.

③ 제한기간 : 제한기간은 **2년** 이내로 하되, 제한기간의 연장은 **1회에 한하여 1년** 이내

■ 핵심 예상 문제 056

56 건축법령상 건축허가의 제한에 관한 설명으로 틀린 것은?

    ① 국방부장관이 국방을 위하여 특히 필요하다고 인정하여 요청하면 국토교통부장관은 허가권자의 건축허가를 제한할 수 있다.

    ② 문화재보존 또는 국민경제를 위하여 특히 필요한 경우 주무부장관은 허가권자의 건축허가를 제한할 수 있다.

    ③ 특별시장은 지역계획에 특히 필요하다고 인정하면 관할 구청장의 건축허가를 제한할 수 있다.

    ④ 건축물의 착공을 제한하는 경우 제한기간은 2년 이내로 하되, 1회에 한하여 1년 이내의 범위에서 제한기간을 연장할 수 있다.

    ⑤ 도지사가 관할 군수의 건축허가를 제한한 경우, 보고를 받은 국토교통부장관은 제한내용이 지나치다고 인정하면 해제를 명할 수 있다.

---

08 건축물 안전영향평가 대상★ ▶ 초고층건축물 또는 10만 + 16층 이상

① **초고층 건축물**[▶ 층수가 50층 이상이거나 높이가 200m 이상인 건축물]

② 다음의 요건을 모두 충족하는 건축물

    ㉠ 연면적(하나의 대지에 둘 이상의 건축물을 건축하는 경우에는 각각의 건축물의 연면적을 말한다)이 **10만 제곱미터 이상**일 것

    ㉡ **16층 이상**일 것

    ⇨ 안전영향평가 결과는 건축위원회의 심의를 거쳐 확정한다.

    ⇨ 안전영향평가를 실시하여야 하는 건축물이 다른 법률에 따라 구조안전과 인접 대지의 안전에 미치는 영향 등을 평가 받은 경우에는 안전영향평가의 해당 항목을 평가 받은 것으로 본다.

09 건축신고★★ [제15,17,22,23,24,25, 32회]　▶ 건축주·공사시공자 또는 공사감리자를 변경도 신고

1. 신고 : **1년 이내**에 공사에 착수하지 아니한 경우 **신고의 효력은 없어진다**. 다만, 1년 연장가능

   ① 바닥면적의 합계가 **85㎡** 이내인 증축·개축 또는 재축. 다만, 3층 이상 건축물인 경우에는 증축·개축 또는 재축하려는 부분의 바닥면적의 합계가 건축물 연면적의 1/10 이내인 경우로 한정한다.

   ② 연면적의 합계가 **100㎡** 이하인 건축물의 건축

   ③ 관리, 농림, 자연환경보전지역에서 연면적 **200㎡ 미만이고 3층 미만**인 건축물

   ④ 주요구조부[내기바보지주]의 **수선은 규모 불문하고 신고** ⇨ 나머지 대수선은 **200㎡ 미만이고 3층 미만**인 건축물의 대수선은 신고, 200㎡ 이상이거나 3층 이상이면 허가

   ⑤ 높이 **3m 이하**의 증축

   ⑥ 공업지역, 지구단위계획구역, 산업단지에 건축하는 **2층** 이하**로서 500**㎡ 이하인 **공장**

   ⑦ 읍·면지역의 **200**㎡ 이하인 **창고**, **400**㎡ 이하인 축사·**작물재배사**·종묘배양시설·온실

2. 신고수리 여부통지 : 건축[가설건축물 포함]신고를 받은 날부터 **5일 이내에 신고수리 여부**를 **통지**하여야 한다.

3. 착공신고 수리 여부통지[착공계] : 허가권자는 착공신고를 받은 날부터 **3일 이내에 신고수리 여부**를 신고인에게 통지하여야 한다. ⇨ 3일 이내에 신고수리 여부 또는 처리기간의 연장 여부를 신고인에게 통지하지 아니하면 그 기간이 **끝난 날의 다음 날에** 신고를 수리한 것으로 본다.

■ 핵심 예상 문제 057

57 건축법령상 건축신고를 하면 건축허가를 받은 것으로 볼 수 있는 경우에 해당하지 않는 것은?

① 연면적 150제곱미터인 3층 건축물의 피난계단 증설

② 연면적 180제곱미터인 2층 건축물의 대수선

③ 연면적 270제곱미터인 3층 건축물의 방화벽 수선

④ 1층의 바닥면적 50제곱미터, 2층의 바닥면적 30제곱미터인 2층 건축물의 신축

⑤ 바닥면적 100제곱미터인 단층 건축물의 신축

10 사용승인

1. 사용승인 : 건축주는 허가대상의 건축물, 신고대상의 건축물, 허가대상의 가설건축물의 건축공사를 완료한 후 그 건축물을 사용하려는 경우에는 공사감리자가 작성한 감리완료보고서 및 공사완료도서를 첨부하여 허가권자에게 사용승인을 신청하여야 한다.

2. 사용승인서 교부 : 허가권자는 7일 이내에 사용승인을 위한 검사를 실시하고, 검사에 합격된 건축물에 대하여는 사용승인서를 내주어야 (교부)한다.

3. 건축물의 사용 : 건축주는 사용승인을 받은 후가 아니면 그 건축물을 사용하거나 사용하게 할 수 없다.

4. 사용승인 없이 사용이 가능 : 법령이 정한 기간 내에 사용승인서를 교부하지 않는 경우, 임시사용승인을 받은 경우에는 사용승인 없이 사용하게 할 수 있다.

5. 임시사용승인 : 임시사용승인의 기간은 **2년 이내**로 한다. 다만, 허가권자는 대형건축물 또는 암반공사 등으로 인하여 공사기간이 긴 건축물에 대하여는 그 기간을 연장할 수 있다.

■ 핵심 예상 문제 058

58 **건축법령상 건축물의 사용승인에 관한 설명으로 옳은 것은?**

① 건축주가 건축공사 완료 후 그 건축물을 사용하려면 건축공사 완료 이전에 공사감리자에게 그 건축물 전체의 사용승인을 신청하여야 한다.

② 건축주가 사용승인을 받은 경우에는 대기환경보전법에 따른 대기오염물질 배출시설의 가동개시 신고를 한 것으로 본다.

③ 허가권자가 법령이 정한 기간 내에 사용승인서를 교부하지 않은 경우 건축주는 그 건축물을 사용하거나 사용하게 할 수 없다.

④ 건축물의 사용승인 신청을 위해서는 공사시공자가 작성한 감리중간보고서와 공사예정도서를 첨부하여야 한다.

⑤ 사용승인서의 교부 전에 공사가 완료된 부분이 건폐율, 용적률 등의 법정 기준에 적합한 경우 허가권자는 직권으로 임시사용을 승인할 수 있으며, 그 기간은 1년 이내로 하여야 한다.

01 대지의 안전

① 대지는 이와 인접하는 도로면보다 낮아서는 아니 된다. 다만, 배수에 지장이 없거나 건축물의 용도상 방습의 필요가 없는 경우에는 인접한 도로면보다 낮아도 된다.

② 옹벽의 외벽면에는 이의 **지지 또는 배수를 위한 시설 외**의 구조물이 밖으로 튀어 나오지 아니하게 할 것

③ **옹**벽의 높이가 **2m** 이상 콘크리트구조로 할 것

02 대지의 조경

조경대상 제외 : 다음에 해당하는 건축물은 조경 등 조치를 하지 아니할 수 있다.

1. 녹지지역에 건축하는 건축물

2. 관리지역 · 농림지역 · 자연환경보전지역(**지구단위계획구역 제외**)의 건축물

3. 면적 5천m² 미만인 대지에 건축하는 공장, 연면적의 합계가 1,500m² 미만인 공장, 산업단지 안의 **공장**

4. 대지에 염분이 함유되어 있는 경우, 허가대상 가설건축물, 축사

5. 연면적 합계 1,500m² 미만인 물류시설(**주거지역 또는 상업지역 제외**)

■ 핵심 예상 문제 059

59 면적이 1,000m²인 대지에 건축물을 건축하는 경우, 건축법령상 대지의 조경 등의 조치가 면제될 수 있는 건축물이 아닌 것은? (단, 지구단위계획구역이 아니며, 조례는 고려하지 않음)

① 자연녹지지역에 건축하는 연면적이 800m²인 수련시설

② 상업지역인 대지에 건축하는 연면적이 1,000m²인 물류시설

③ 연면적이 1,000m²인 공장

④ 연면적이 500m²인 축사

⑤ 자연환경보전지역에 건축하는 연면적이 330m²인 단독주택

대상지역	① **일**반주거지역, ② **준**주거지역, ③ **상**업지역, ④ **준**공업지역
대상 건축물	**바닥면적의 합계가 5,000m² 이상**인 문화 및 집회시설, 종교시설, 판매시설(**농수산물유통시설을 제외**), 운수시설(여객용 시설에 한함), 업무시설, 숙박시설(**위락시설** ×)
면적시설	① **대지면적**[▶건축면적[×]]의 10% 이하의 범위 안에서 건축조례로 정한다. ② 긴 의자·파고라 등 공중이 이용할 수 있는 시설을 설치해야 한다. ③ 조경면적이나 매장문화재의 현지보존 조치 면적, 피로티구조로 설치할 수 있다.
기준완화	① 법률 : **건폐율**과 **용적률** 및 **높이제한**을 **완화**하여 적용 ② 시행령 : 해당 지역에 적용되는 **용적률**, **높이제한**의 **1.2배** 이하 **완화**하여 적용
문화행사	① 연간 60일 이내의 기간 주민들을 위한 문화행사를 열거나 판촉활동을 할 수 있다. ② 시·도지사 또는 시장·군수·구청장은 관할 구역 내 공개공지 등에 대한 점검 등 유지·관리에 관한 사항을 해당 지방자치단체의 **조례**로 정할 수 있다. ③ 누구든지 공개공지 등에 **물건을 쌓아놓거나 출입을 차단하는 시설을 설치**하는 등 공개공지 등의 활용을 저해하는 행위를 **하여서는 아니 된다**.

■ 핵심 예상 문제 060

60 건축법령상 대지의 조경 및 공개공지 등의 설치에 관한 설명으로 옳은 것은? (단, 건축법 제73조에 따른 적용 특례 및 조례는 고려하지 않음)

① 공개공지 확보대상 건축물은 전용주거지역, 일반공업지역, 일반주거지역, 준주거지역, 상업지역, 준공업지역이다.

② 대지에 공개공지 등을 확보하여야 하는 건축물의 경우 공개공지 등을 설치하는 때에는 해당 지역에 적용하는 용적률의 1.2배 이하의 범위에서 건축조례로 정하는 바에 따라 용적률을 완화하여 적용할 수 있다.

③ 바닥면적의 합계가 3천m² 이상인 문화 및 집회시설, 종교시설, 농수산물유통 및 가격안정에 관한 법률에 따른 농수산물유통시설, 운수시설(여객용시설에 한함), 업무시설, 숙박시설 등이 공개공지 또는 공개공간 확보대상이다.

④ 상업지역의 건축물에 설치하는 공개공지 등의 면적은 대지면적의 100분의 10을 넘어야 한다.

⑤ 공개공지 등에는 연간 90일 이내의 기간 동안 건축조례가 정하는 바에 따라 주민들을 위한 문화행사를 열거나 판촉활동을 할 수 있다.

04 도로★★
▶ 도로의 필수개념요소는 보행이다.

① 원칙 : 건축법상 도로는 원칙적으로 보행 및 차량통행이 가능한 너비 4m 이상으로 국토계획법·도로법·사도법 기타 관계 법령에 의하여 신설 또는 변경에 관한 고시가 된 도로, 허가권자 또는 신고권자가 위치를 지정·공고한 도로 또는 그 예정도로를 말한다.

② 예 외 : 지형조건으로 차량통행이 불가능한 너비가 3m 이상인 도로도 도로가 될 수 있다.

③ 도로의 지정·폐지·변경   ▶ 도로를 지정하려면 반드시 이해관계자의 동의[×]

   ㉠ 지정 : 허가권자는 도로의 위치를 지정·공고하려면 이해관계인의 동의를 받아야 한다.
      다만, 허가권자가 이해관계인이 해외 거주하는 등의 사유로 동의 받기 곤란하다고 인정하는 경우 또는 주민이 오랫동안 통행로로 이용하고 있는 사실상 통로로서 조례로 정한 경우 이해관계인의 동의 없이 건축위원회 심의를 거쳐 도로로 지정할 수 있다.

   ㉡ 도로를 폐지·변경하는 경우 : 허가권자가 반드시 이해관계자의 동의를 받아야 한다.

05 대지와 도로의 관계★
▶ 대지는 4m 이상 도로에 접해야 한다.[×]

① 원칙 : 건축물의 대지는 2m 이상 도로에 접해야 한다.

② 예외 : 2m 이상 접하지 아니하여도 되는 경우 ⇨ 건축물의 출입에 지장이 없는 경우 ⇨ 광장, 공원, 유원지가 있는 경우 ⇨ 농지법에 따른 농막을 건축하는 경우

③ 강화(2, 6, 4접) : 연면적의 합계가 2천m²(공장은 3천m²) 이상인 건축물(축사, 작물재배사는 제외한다)의 대지는 너비 6m 이상인 도로에 4m 이상 접하여야 한다.

■ 핵심 예상 문제 061

61 건축법령상 건축물의 대지와 도로에 관한 설명으로 틀린 것은?

① 손궤의 우려가 있는 토지에 대지를 조성하면서 설치한 옹벽의 외벽면에는 옹벽의 지지 또는 배수를 위한 시설물이 밖으로 튀어 나와도 된다.

② 건축물의 대지는 2m 이상이 보행과 자동차의 통행이 가능한 도로에 접하여야 한다.

③ 연면적 합계가 2,000m² 이상인 공장인 경우에는 대지는 너비 6m 이상의 도로에 4m 이상 접하여야 한다.

④ 농지법에 따른 농막을 건축하는 경우에는 도로에 2m 이상 접하지 않아도 된다.

⑤ 허가권자는 도로의 위치를 폐지·변경 하려는 경우에는 필수적으로 도로에 대한 이해관계인의 동의를 받아야 한다.

---

06 건축선★

① 원칙 : 대지가 소요너비(4m) 이상의 도로에 접하였을 때 대지와 도로의 경계선

② 소요너비에 미달되는 너비의 도로

    ㉠ 도로 양쪽에 대지가 존재 : 그 소요너비에 못 미치는 너비의 도로인 경우에는 그 중심선으로부터 해당 소요너비의 1/2에 상당하는 수평거리를 후퇴한 선을 건축선으로 한다.

    ㉡ 도로의 반대쪽에 경사지, 하천, 철로, 선로부지 등이 있는 경우 해당 경사지 등이 있는 쪽 도로 경계선에서 소요너비에 상당하는 수평거리의 선을 건축선으로 한다.

③ 지정건축선(특별자치시장·특별자치도지사·시장·군수·구청장) ⇨ 지정한계 : 도시지역에 4m 이하 ⇨ 위치를 정비하거나 환경을 정비하기 위하여 필요하다고 인정하면 지정할 수 있다.

④ 건축선에 따른 건축제한

    ㉠ 건축물 및 담장은 **건축선의 수직면을 넘어서는 아니 된다**(지표 아래 부분은 넘을 수 있다).

    ㉡ 도로면으로부터 높이 **4.5m 이하**에 있는 출입구·창문등 유사한 구조물은 열고 닫을 때에 건축선의 **수직면을 넘지 아니하는 구조로 하여야 한다**.

■ 핵심 예상 문제 062

62 다음과 같은 조건일 때 대지면적과 최대건축면적과 최대건축 연면적이 옳게 연결된 것은? (단, 별도의 건축선은 시장이 도시지역에서 환경을 정비하기 위하여 건축선을 따로 지정한 것임. 이 토지의 건폐율은 70%이고, 용적률은 300%이다)

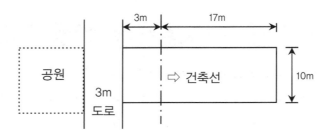

① 180m², 130m², 570m²

② 190m², 133m², 570m²

③ 190m², 132m², 560m²

④ 200m², 140m², 600m²

⑤ 190m², 350m², 570m²

01 건축면적
▶ 각 층 안 보이면 건축면적, 하늘 위, 평면도

건축면적은 건축물의 외벽 또는 외곽기둥의 중심선으로 둘러싸인 부분의 수평투영면적

02 바닥면적★★
▶ 각 층 보이면 바닥면적

바닥면적은 건축물의 **각 층** 또는 그 일부로서 벽 · 기둥 그 밖에 이와 비슷한 구획의 **중심선**으로 둘러싸인 부분의 수평투영면적으로 한다.

① 벽 · 기둥의 구획이 없는 건축물 ⇨ 지붕 끝부분으로부터 수평거리 **1m**를 **후퇴**한 선으로 둘러싸인 수평투영면적을 말한다.

② 건축물의 노대 등의 바닥은 난간 등의 설치 여부에 관계없이 노대 등의 면적에서 노대 등이 접한 가장 긴 외벽에 접한 길이에 **1.5m**를 **곱한 값**을 뺀 면적을 바닥면적에 산입한다.

③ **필로티**나 그 밖에 이와 비슷한 구조의 부분은 공중통행이나 차량의 통행 또는 주차에 전용되는 경우와 공동주택의 경우에는 **바닥면적에 산입하지 아니한다**.

④ **설비제외(못 누워, 못서)** : 승강기탑, 계단탑, 장식탑, 다락[층고가 **1.5m**(경사진 형태의 지붕인 경우에는 **1.8m**) 이하인 것만 해당한다], 물탱크, 기름탱크, 냉각탑, 정화조, 공동주택으로서 지상층에 설치한 기계실, 전기실, 어린이놀이터, 조경시설 및 생활폐기물 보관함의 면적, 장애인용 승강기, 경사로, 승강장은 **바닥면적에 산입하지 아니한다**.

⑤ **덧댄 것 제외** : **단열재**를 구조체의 외기측에 설치하는 단열공법으로 건축된 건축물, 건축물을 리모델링하는 경우로서 미관 향상, 열의 손실 방지 등을 위하여 외벽에 부가하여 **마감재**를 설치하는 부분은 **바닥면적에 산입하지 아니한다**.

⑥ 매장**문화재** 보호 및 조사에 관한 법률 시행령에 따른 현지보존 및 이전보존을 위하여 매장문화재 보호 및 전시에 전용되는 부분은 **바닥면적에 산입하지 아니한다**.

⑦ **지하주차장의 경사로**(지상층에서 지하 1층으로 내려가는 부분으로 한정한다)는 바닥면적에 산입하지 않는다.

03 연면적★★
▶ 주민공동시설 면적은 포함

하나의 건축물 각층의 바닥면적의 합계(지하층 포함)로 한다. 다만, 다음은 **용적률의 산정**에 있어서의 **연면적**에서는 **제외**한다.

① **지하층**의 면적

② 지상층의 **주차장(부속**용도인 경우만 해당한다)으로 쓰는 면적

③ 초고층 건축물과 준초고층 건축물에 설치하는 **피난안전구역**의 면적

④ 층수가 11층 이상인 건축물로서 11층 이상인 층의 바닥면적의 합계가 1만m² 이상인 건축물의 옥상으로서 건축물의 경사지붕 아래에 설치하는 **대피공간**의 면적

63 건축법령상 건축물의 면적의 산정방법에 관한 설명으로 옳은 것을 모두 고른 것은?

> ㉠ 공동주택으로서 지상층에 설치한 전기실의 면적은 바닥면적에 산입하지 아니한다.
>
> ㉡ 바닥면적은 건축물의 외벽 또는 외곽기둥의 중심선으로 둘러싸인 부분의 수평투영면적으로 한다.
>
> ㉢ 건축물의 1층이 차량의 주차에 전용(專用)되는 필로티인 경우 그 면적은 바닥면적에 산입되지 아니한다.
>
> ㉣ 사용승인을 받은 후 15년 이상이 된 건축물을 리모델링하는 경우로서 열의 손실 방지를 위하여 외벽에 부가하여 마감재를 설치하는 부분은 바닥면적에 산입한다.

① ㉠, ㉡   ② ㉠, ㉢

③ ㉡, ㉢   ④ ㉡, ㉣

⑤ ㉢, ㉣

64 건축법령상 용적률의 산정에 있어서 연면적에서 제외하는 것이다. 틀린 것은?

① 지하층의 면적

② 초고층 건축물과 준초고층 건축물에 설치하는 피난안전구역의 면적

③ 주민공동시설의 면적

④ 지상층의 주차용(건축물의 부속용도인 경우에 한한다)으로 사용되는 면적

⑤ 층수가 11층 이상인 건축물로서 11층 이상인 층의 바닥면적의 합계가 1만m² 이상인 건축물의 옥상으로서 건축물의 경사지붕 아래에 설치하는 대피공간 면적

65 건축법령상 다음과 같은 조건의 건축물의 용적률은 얼마인가?

> ㉠ 대지면적: 2,000m²
>
> ㉡ 지하 2층: 주차장으로 사용, 1,400m²
>
> ㉢ 지하 1층: 제1종 근린생활시설로 사용, 1,000m²
>
> ㉣ 지상 1층: 피로티구조 내 전부를 본 건축물의 부속용도인 주차장으로 사용, 800m²
>
> ㉤ 지상 2, 3, 4, 5, 6, 7층: 업무시설로 사용, 각 층 800m²

① 240%   ② 280%

③ 290%   ④ 330%

⑤ 400%

66 다음 그림은 지상 3층과 다락의 구조를 갖추고 있는 다세대주택인 건축물이다. 2-3층은 주택이며, 지붕이 경사진 형태인 다락의 높이는 1.9m, 처마길이는 50cm이다. 대지면적이 200m², 용적률 및 건폐율 한도가 각각 200%, 50%라 할 때 증축 가능한 최대 면적은 얼마인가? (다만, 그 밖에 건축제한 및 인센티브는 없는 것으로 함)

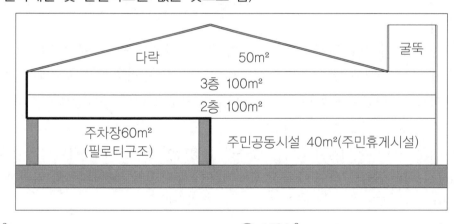

① 110m²   ② 160m²

③ 200m²   ④ 250m²

⑤ 300m²

01 높이

▶ 높이(1/8 이하) = 본건물 + 옥상 – 12m = 정답

지표면으로부터 건축물의 상단까지의 높이로 한다. 다만, 옥상에 설치되는 승강기탑·계단탑·망루·장식탑·옥탑 등으로서 수평투영면적의 합계가 해당 건축물의 건축면적의 1/8(공동주택 세대별전용면적 85m² 이하인 건축물은 1/6) 이하인 경우로서 부분의 높이가 12m를 넘는 경우에는 넘는 부분에 한하여 건축물의 높이에 산입한다. 건축물의 높이 제한 규정을 적용할 때, 건축물의 1층 전체에 필로티가 설치되어 있는 경우 건축물의 높이는 필로티의 층고를 제외하고 산정한다.

02 층수★★

▶ 지하층은 건축물의 층수에서 제외한다.

① 층의 구분이 명확하지 아니한 건축물은 높이 **4m**마다 하나의 층으로 산정   ▶ 층수 = 높이 ÷ 4
② 건축물의 부분에 따라 층수를 달리하는 경우에는 **가장 많은 층수**로 한다.

■ 핵심 예상 문제 067

67 건축법령상 건축물의 층수에서 제외하는 것이다. 틀린 것은?

① 지하층은 건축물의 층수에 산입하지 아니하며, 건축물의 부분에 따라 그 층수를 달리하는 경우에는 가중 평균 층수를 그 건축물의 층수로 본다.

② 층의 구분이 명확하지 아니한 건축물은 높이 4m마다 하나의 층으로 보고 그 층수를 산정한다.

③ 승강기탑, 계단탑, 망루, 장식탑, 옥탑 등 건축물의 옥상 부분으로서 그 수평투영면적의 합계가 해당 건축물 건축면적의 1/8 이하인 것은 건축물의 층수에서 제외한다.

④ 아파트 및 연립주택의 1층 전부를 필로티 구조로 하여 주차장으로 사용하는 경우 그 필로티 부분은 층수에서 제외한다.

⑤ 다가구주택이나 다세대주택은 층수를 산정함에 있어서 1층 바닥면적의 전부 또는 일부를 필로티 구조로 하여 주차장으로 사용하고 나머지 부분을 주택 외의 용도로 사용하는 경우에는 해당 층을 주택의 층수에서 제외한다.

---

03 대지분할제한★

건축물이 있는 대지는 다음의 면적에 미달되게 분할할 수 없다.
① 주거지역 : 60m² 미만   ② 상업지역 : 150m² 미만
③ 공업지역 : 150m² 미만   ④ 녹지지역 : 200m² 미만
⑤ 그 밖의 지역(관리지역, 농림지역, 자연환경보전지역) : 60m² 미만)

04 일조권 확보를 위한 높이제한

가로구역	① 허가권자는 같은 가로구역에서 건축물의 용도 및 형태에 따라 높이를 **다르게** 정함. ② 특별자치시장·특별자치도지사·시장·군수·구청장 : 건축위원회의 심의를 거쳐 완화. ③ 특별시장이나 광역시장 : 특별시나 광역시의 **조례로 정할 수 있다.** ④ 허가권자는 일조(日照)·통풍 등 주변 환경 및 도시미관에 미치는 영향이 크지 않다고 　인정하는 경우에는 건축위원회의 심의를 거쳐 이 법 및 다른 법률에 따른 가로구역의 　**높이 완화에 관한 규정을 중첩하여 적용할 수 있다.**
전용일반 주거지역	① **정북**방향의 인접대지경계선으로부터의 거리(~**띄어야 한다**) 　ⓐ 높이 9m 이하 : 1.5m 이상 　ⓑ 9m 초과 : 건축물 각 부분의 높이의 1/2 이상 ② **정남**방향의 인접대지경계선으로부터의 거리(~ **할 수 있다.**) 　ⓐ 택지개발지구 등 　ⓑ 정북방향으로 도로·공원·하천 등 **건축이 금지된 공지**에 접하는 대지 　ⓒ 정북방향으로 접하고 있는 대지의 소유자와 합의
공동주택	공동주택 중 **중심상업지역과 일반상업지역에 건축하는 것**은 채광 등의 확보를 위하여 대통령 령으로 정하는 높이 이하로 하지 아니한다. 즉, 일조권 제한을 받지 아니한다.
예 외	**2층 이하**로서 높이가 **8m 이하**인 건축물은 지방자치단체의 **조례가 정하는 바에 따라** 일조 등의 확보를 위한 건축물의 높이제한 규정을 적용하지 아니할 수 있다.

■ 핵심 예상 문제 068

68 건축법령상 건축물의 높이제한 등에 관한 설명이다. 옳은 것은?

① 전용주거지역과 일반주거지역 안에서 정북방향으로 도로 등 건축이 금지된 공지에 접하는 대지인 경우 건축물의 높이를 정북방향의 인접 대지경계선으로부터의 거리에 따라 대통령령으로 정하는 높이 이하로 할 수 있다.

② 상업지역에 건축하는 공동주택으로서 하나의 대지에 두 동(棟) 이상을 건축하는 경우에는 채광의 확보를 위한 높이 제한을 적용하지 아니한다.

③ 허가권자는 같은 가로구역에서 건축물의 용도 및 형태에 관계없이 건축물의 높이를 동일하게 정할 수 있다.

④ 특별시장이나 광역시장은 도시의 관리를 위하여 필요하면 가로구역별 건축물의 높이를 특별시나 광역시의 조례로 정할 수 있다.

⑤ 허가권자는 일조·통풍 등 주변 환경 및 도시미관에 미치는 영향이 크지 않다고 인정하는 경우에는 건축위원회의 심의를 거쳐 이 법 및 다른 법률에 따른 가로구역의 높이 완화에 관한 규정을 중첩하여 적용할 수 없다.

01 특별건축구역의 지정 예외 ⇨ 개발금지 ▶ 정비구역은 시·도지사가 지정[○], 국장이 지정[×]

① 개발제한구역, ② 자연공원법에 따른 자연공원, ③ 도로법에 따른 접도구역, ④ 산지관리법에 따른 보전산지에 대하여는 특별건축구역으로 지정할 수 없다.

✔ 국토교통부장관 또는 시·도지사는 **특별건축구역을 지정**하고자 하는 지역이 **군사기지 및 군사시설보호구역에 해당하는 경우에는 국방부장관과 사전에 협의하여야 한다.**

✔ 국가가 국제행사 등을 개최하는 도시의 사업구역은 국토교통부장관이 지정할 수 있다.

02 특별건축구역의 지정절차 등 ▶ 용도지역은 의제되지 아니한다.

① 국토교통부장관 또는 특별시장·광역시장·도지사는 지정신청을 받은 날부터 30일 이내에 건축위원회의 심의를 거쳐야 한다.

② 지정제안 : 지정신청기관(중앙행정기관의 장, 사업구역을 관할하는 시·도지사 또는 시장·군수·구청장) 외의 자는 특별건축구역의 위치·범위 및 면적 등의 자료를 갖추어 사업구역을 관할하는 **시·도지사**에게 특별건축구역의 **지정을 제안**할 수 있다.

✔ 대상 토지 면적(국유지·공유지의 면적은 제외)의 **3분의 2 이상**에 해당하는 토지소유자의 **서면 동의**를 받아야 한다.

③ 국토교통부장관 또는 시·도지사는 필요한 경우 직권으로 특별건축구역을 지정할 수 있다.

④ 특별건축구역을 지정·변경한 경우에는 국토의 계획 및 이용에 관한 법률에 따른 도시·군관리계획의 결정(용도지역·지구·구역의 지정 및 변경을 제외)이 있는 것으로 본다.

⑤ 국토교통부장관 또는 시·도지사는 특별건축구역 지정일부터 5년 이내에 착공이 이루어지지 아니하는 경우, 지정신청기관의 요청이 있는 경우에는 특별건축구역의 전부 또는 일부에 대하여 지정을 해제할 수 있다.

03 특별건축구역의 적용 배제 ▶ 용적률도 적용하지 아니할 수 있다.

① **건축물의 용적률, 건폐율** ② **건축물의 높이제한** ③ **일조 등의 확보를 위한 높이제한** ④ **대지의 공지** ⑤ **대지의 조경규정**을 적용하지 아니할 수 있다.

04 특별건축구역의 통합적용

특별건축구역에서는 ① **공**원의 설치, ② 부설**주**차장의 설치, ③ 미술**작품**의 설치는 개별 건축물마다 적용하지 아니하고 특별건축구역 전부 또는 일부를 대상으로 **통합하여 적용**할 수 있다.

69 건축법령상 특별건축구역에 관한 설명으로 틀린 것은?

① 국토교통부장관은 국가가 국제행사 등을 개최하는 지역의 사업구역을 특별건축구역으로 지정할 수 있다.

② 국토교통부장관 또는 시·도지사는 군사기지 및 군사시설보호구역에 특별건축구역으로 지정할 수 없다.

③ 특별건축구역을 지정하거나 변경한 경우에는 도시·군관리계획의 결정(용도지역·지구·구역의 지정을 제외)이 있는 것으로 본다.

④ 건축물의 용적률, 건폐율, 일조 등의 확보를 위한 건축물의 높이제한, 대지안의 공지, 대지안의 조경을 적용하지 아니할 수 있다.

⑤ 특별건축구역에서는 공원, 부설주차장, 미술작품에 대하여는 통합하여 적용할 수 있다.

⑥ 특별건축구역에서의 건축기준의 특례사항은 지방자치단체가 건축하는 건축물에 적용한다.

---

05 건축협정의 체결
▶ 전원합의로 체결

① 토지 또는 건축물의 소유자, 지상권자 등 대통령령으로 정하는 자(이하 "소유자등"이라 한다)는 **전원의 합의**로 지구단위계획구역에서 건축물의 건축·대수선 또는 리모델링에 관한 협정(**건축협정**)을 체결할 수 있으며, 이 경우 둘 이상의 토지를 소유한 자가 **1인인 경우**에도 그 토지 소유자는 해당 토지의 구역을 건축협정 대상 지역으로 하는 **건축협정을 정할 수 있다**.

② 협정체결자 또는 건축협정운영회의 대표자는 건축협정서를 작성하여 국토교통부령으로 정하는 바에 따라 해당 건축협정인가권자의 인가를 받아야 한다.

③ 건축협정 체결 대상 토지가 둘 이상의 특별자치시 또는 시·군·구에 걸치는 경우 건축협정 체결 대상 토지면적의 **과반(過半)이 속하는** 건축협정인가권자에게 인가를 신청할 수 있다.

④ 협정체결자 또는 건축협정운영회의 대표자는 건축협정을 **폐지**하려는 경우에는 협정체결자 **과반수 동의**를 받아 국토교통부령으로 정하는 바에 따라 건축협정인가권자의 인가를 받아야 한다.

06 건축협정의 통합적용의 특례★
▶ 용적률[×], 계단의 설치[×], 우편물 수취함의 설치[×]

인가를 받은 건축협정구역에서는 다음의 규정을 개별 건축물마다 적용하지 아니하고 전부 또는 일부를 대상으로 통합하여 적용할 수 있다.

1. 건폐율, 대지의 조경, 대지와 도로와의 관계
2. 지하층의 설치, 「주차장법」제19조에 따른 부설주차장의 설치
3. 「하수도법」제34조에 따른 개인하수처리시설의 설치

70 건축법령상 건축협정에 관한 설명으로 틀린 것은?

① 토지 또는 건축물의 소유자, 지상권자등은 전원의 합의로 지구단위계획구역에서 건축물의 건축·대수선 또는 리모델링에 관한 건축협정을 체결할 수 있다.

② 협정체결자 또는 건축협정운영회의 대표자는 건축협정서를 작성하여 해당 건축협정인가권자의 인가를 받아야 한다.

③ 건축협정 체결 대상 토지가 둘 이상의 특별자치시 또는 시·군·구에 걸치는 경우 건축협정 체결 대상 토지면적의 과반이 속하는 건축협정인가권자에게 인가를 신청할 수 있다.

④ 협정체결자 또는 건축협정운영회의 대표자는 건축협정을 폐지하려는 경우 협정체결자 과반수의 동의를 받아 건축협정인가권자의 인가를 받아야 한다.

⑤ 인가를 받은 건축협정구역에서는 건폐율, 용적률, 계단의 설치, 우편물 수취함의 설치, 부설주차장의 설치의 규정을 개별 건축물마다 적용하지 아니하고 전부 또는 일부를 대상으로 통합하여 적용할 수 있다.

---

07 건축분쟁전문위원회

▶ 인기관계

건축 등과 관련된 다음의 분쟁의 조정 및 재정을 하기 위하여 국토교통부에 건축분쟁전문위원회("분쟁위원회")를 둔다.

1. 건축관계자와 해당 건축물의 건축 등으로 피해를 입은 인근주민 간의 분쟁
2. 관계전문기술자와 인근주민 간의 분쟁
3. 건축관계자와 관계전문기술자 간의 분쟁
4. **건축관계자** 간의 분쟁
5. **인근주민** 간의 분쟁
6. **관계전문기술자** 간의 분쟁
   ▶ 당사자가 조정안을 수락하고 조정서에 기명날인하면 조정서의 내용은 **재판상 화해와 동일한 효력을 갖는다.**

---

71 건축법령상 건축 등과 관련된 분쟁으로서 건축분쟁전문위원회의 조정 및 재정의 대상이 되지 않는 것은? (단, 건설산업기본법에 따른 조정의 대상이 되는 분쟁은 제외함)

① 공사시공자와 해당 건축물의 건축으로 피해를 입은 인근주민 간의 분쟁

② 관계전문기술자와 해당 건축물의 건축으로 피해를 입은 인근주민 간의 분쟁

③ 해당 건축물의 건축으로 피해를 입은 인근주민 간의 분쟁

④ 건축허가권자와 건축신고수리자 간의 분쟁

⑤ 건축주와 공사감리자 간의 분쟁

---

08 이행강제금(=집행벌)의 부과 ▶ 행정벌[×], 직접강제[×]

이행강제금이란 건축주가 위반사항에 대한 시정명령을 받은 후 시정기간 내에 이행하지 않을 경우 반복하여 부과·징수함으로써 1회만 부과·징수할 수 있는 벌금·과태료가 지닌 결함을 보완할 수 있도록 마련된 제도(계속 반복부과, 간접강제, 이행강제금과 벌금을 병과 가능)

09 이행강제금의 부과금액★ ▶ 무신용건 = 50%

① 건폐율 또는 용적률을 초과하여 건축된 경우 또는 허가를 받지 아니하거나(무허가) 신고를 하지 아니하고(무신고) 건축된 경우 : 지방세법에 따라 해당 건축물에 적용되는 $1m^2$ 당 시가표준액의 50/100에 해당하는 금액에 위반면적을 곱한 금액 이하의 범위에서 위반 내용에 따라 대통령령으로 정하는 비율[무허가 : 100분의 100, 무신고 : 100분의 70, 용적률을 초과 : 100분의 90, 건폐율을 초과 : 100분의 80, 다만, 건축조례로 다음의 비율을 낮추어 정할 수 있되, 낮추는 경우에도 그 비율은 100분의 60 이상이어야 한다]을 곱한 금액을 부과한다.

② 위의 ① 외의 위반건축물 : 시가표준액에 상당하는 금액의 10/100 범위에서 그 위반내용에 따라 대통령령이 정하는 금액

③ 연면적 60m² 이하 주거용건축물 : 1/2 범위에서 해당 지방자치단체의 조례로 정하는 금액을 부과한다.

10 이행강제금의 부과절차

계고	이행강제금을 부과·징수한다는 뜻을 미리 문서로써 계고하여야 한다.
징수	부과 및 징수절차에 관하여는 「국고금관리법」 시행규칙을 준용한다.

11 부과횟수★ ▶ 1년에 2회 씩[×]

① 최초의 시정명령이 있은 날을 기준으로 하여 1년에 2회 이내의 범위에서 반복하여 부과한다.

② 시정명령을 이행하는 경우에는 새로운 이행강제금의 부과를 즉시 중지하되, 이미 부과된 이행강제금은 징수하여야 한다.

③ 허가권자는 영리목적 위반이나 상습적 위반 : 100분의 100의 범위에서 가중하여야 한다.

④ 축사 등 농업용·어업용 시설로서 500 제곱미터(수도권정비계획법에 따른 수도권 외의 지역에서는 1천 제곱미터) 이하인 경우는 5분의 1을 감경할 수 있다.

강제징수 : 이의신청·납부도 않는 경우 지방행정제재·부과금의 징수 등에 관한 법률에 따라 징수

■ 핵심 예상 문제 072 ■

72 건축법령상 이행강제금에 관한 설명으로 옳은 것은?

① 건축물이 용적률을 초과하여 건축된 경우 해당 건축물에 적용되는 시가표준액의 100분의 10에 해당하는 금액으로 이행강제금이 부과된다.

② 허가대상 건축물을 허가 받지 아니하고 건축하여 벌금이 부과된 자에게 이행강제금을 부과할 수 없다.

③ 허가권자는 영리목적을 위한 위반이나 상습적 위반 등 대통령령으로 정하는 경우에 이행강제금 부과금액을 100분의 100의 범위에서 가중할 수 있다.

④ 허가권자는 시정명령을 받은 자가 시정명령을 이행하는 경우에는 새로운 이행강제금의 부과를 즉시 중지하되, 이미 부과된 이행강제금은 징수하여야 한다.

⑤ 연면적이 85m² 이하의 주거용 건축물에 대한 이행강제금은 법정 부과금액의 1/2 범위에서 해당 지방자치단체의 조례가 정하는 금액을 부과한다.

☞ 주택법 7개중 5개 이상은 나온다. 1~2개는 틀려도 된다.

■ THEME ■ 20 주택법의 용어정의(A+) [제15,17,18,19,20,21,22,23,25,27,28,29,30,31,32,33회]

01 의 의
▸ 부속토지를 제외한다[×]

주택은 세대의 구성원이 장기간 독립된 주거생활을 할 수 있는 구조로 된 건축물의 전부 또는 일부 및 그 부속토지를 말한다.
▸ 주택법의 주택에는 공기가 없다.

| 주거형태(구조)에 따른 분류 | 1. 단독주택 : 단독주택, 다중주택, 다가구주택 ⇨ **공관(×)** |
| | 2. 공동주택 : 아파트, 연립주택, 다세대주택 ⇨ **기숙사(×)** |

02 재원에 따른 주택의 분류★★★
▸ 민영주택은 국민주택 등을 제외한 주택[×]

국민주택	국민주택은 다음에 해당하는 주택으로서 국민주택규모 이하인 주택을 말한다. 1. **국**가·**지**방자치단체, **한**국토지주택공사 또는 **지**방공사가 건설하는 주택 2. 국가·지방자치단체의 **재정** 또는 「주택도시기금법」에 따른 주택도시**기금**으로부터 자금을 **지원받아 건설되거나 개량되는 주택**
국민주택 규모	① 주거의 용도로만 쓰이는 면적(이하 "주거전용면적"이라 함)이 1호(戶) 또는 1세대당 **85m²** 이하인 주택(수도권정비계획법에 따른 **수도권을 제외한 도시지역이 아닌 읍 또는 면 지역**은 1호 또는 1세대당 주거전용면적이 **100m² 이하**인 주택)을 말한다. ② 주거전용면적(주거의 용도로만 쓰이는 면적을 말한다)의 산정방법 1. 단독주택의 경우 : 그 바닥면적에서 지하실(거실로 사용되는 면적은 제외한다), 본 건축물과 분리된 창고·차고 및 화장실의 면적을 제외한 면적 2. 공동주택의 경우 : 외벽의 내부선을 기준으로 산정한 면적. 다만, 2세대 이상이 공동으로 사용하는 부분으로서 복도, 계단, 현관 등 공동주택의 지상층에 있는 공용면적, 지하층, 관리사무소 등 그 밖의 공용면적은 제외한다.
민영주택	**국민주택**을 **제외**한 주택을 말한다.

73 주택법령상 용어정의에 관한 설명 중 틀린 것은?

① 민영주택은 국민주택을 제외한 주택을 말한다.

② 수도권에 소재한 읍 또는 면 지역의 경우 국민주택규모의 주택이란 1호(戶) 또는 1세대 당 주거전용면적이 100m² 이하인 주택을 말한다.

③ 지방공사가 수도권에 건설한 주거전용면적이 1호당 80m²인 단독주택은 국민주택에 해당 한다.

④ 공관과 기숙사는 주택법상 주택이 아니다.

⑤ 국토교통부장관은 주택수요·공급의 적정을 기하기 위하여 필요하다고 인정하는 때에는 주택조합이나 고용자가 건설하는 주택은 100% 이하의 범위에서 일정 비율 이상을 국민 주택규모로 건설하게 할 수 있다.

---

03 준주택   ▶ 오노다기

주택 외의 건축물과 부속토지로서 주거시설로 이용 ⇨ **오**피스텔, **노**인복지주택, [제2종 근린생활시설 또는 숙박시설]**다**중생활시설, **기**숙사[기숙사에 교육기본법의 학생복지주택을 포함한다]

74 주택 외의 건축물과 그 부속토지로서 주거시설로 이용가능한 시설인 준주택으로 틀린 것은?

① 건축법 시행령에 따른 오피스텔

② 건축법 시행령에 따른 청소년수련시설

③ 건축법 시행령에 따른 노인복지시설 중 노인복지법의 노인복지주택

④ 건축법 시행령에 따른 숙박시설에 해당하지 않는 다중생활시설

⑤ 건축법 시행령에 따른 기숙사(학생복지주택을 포함)

---

04 세[3]대구분형 공동주택★   ▶ 구분소유를 할 수 있는 주택[×]

공동주택의 주택 내부공간의 일부를 세대별로 구분하여 생활이 가능한 구조로 하되, 그 구분된 공간 일부에 대하여 **구분소유를 할 수 없는 주택**(구분된 공간의 세대에 관계없이 하나의 세대로 산정한다.)

① 주택법의 사업계획승인을 받아 건설하는 공동주택의 경우

> 1. 세대별로 구분된 각각의 공간마다 별도의 욕실, 부엌과 현관을 설치할 것
> 2. 하나의 세대가 통합하여 사용하도록 세대간에 연결문 또는 경량구조의 경계벽 등을 설치.
> 3. 세대구분형 공동주택은 주택단지 공동주택 전체 세대수 1/3을 넘지 아니할 것
> 4. 주거전용면적 합계가 주택단지 전체 주거전용면적 합계의 1/3을 넘지 아니할 것

② 공동주택관리법 제35조에 따른 행위의 허가를 받거나 신고를 하고 설치하는 공동주택의 경우

> 1. 구분된 공간의 세대수는 기존 세대를 포함하여 2세대 이하일 것
> 2. 세대별로 구분된 각각의 공간마다 별도의 욕실, 부엌과 구분 출입문을 설치할 것
> 3. 세대구분형 공동주택의 세대수가 해당 주택단지 안 공동주택 전체 세대수의 10분의 1과 해당 동의 전체 세대수의 3분의 1을 각각 넘지 않을 것
> 4. 구조, 화재, 소방 및 피난안전 등 관계 법령에서 정하는 안전 기준을 충족할 것

05 주택단지   ▶ 8예, 20일

다음으로 분리된 토지는 각각 별개의 주택단지로 본다.

> 1. 철도·고속도로·자동차전용도로, 폭 20m 이상인 일반도로, 폭 8m 이상인 도시·군계획예정도로
> 2. 도로법에 따른 일반국도·특별시도·광역시도 또는 지방도[12m인 일반도로 = 하나의 주택단지]

■ 핵심 예상 문제 075

75 **주택법령상 하나의 주택단지로 보아야 하는 것은?**

① 폭 15m의 고속도로로 분리된 주택단지

② 폭 10m의 자동차전용도로로 분리된 주택단지

③ 폭 20m의 도시계획예정도로로 분리된 주택단지

④ 폭 8m의 일반도로로 분리된 주택단지

⑤ 보행자 및 자동차의 통행이 가능한 도로로서 도로법에 따른 일반국도·지방도로 분리된 주택단지

06 공공택지   ▶ 사적주체[×], 단독주택[×], 환지방식[×], 정비사업[×]

① 공공택지(민간×)는 공공사업에 의하여 개발·조성되는 공동주택(단독×)건설용지

② 도시개발사업, 경제자유구역개발사업(수용·사용의 방식으로 시행하는 사업과 혼용방식 중 수용·사용이 적용되는 구역에서 시행하는 사업에 한한다)

07 공구★
▶ 사업계획승인을 별도로 수행[×]

하나의 주택단지에서 **둘 이상**으로 구분되는 일단의 구역으로, **착공신고 및 사용검사를 별도 수행**

① 6m 이상의 폭으로 경계 ② **공구별 세대수 : 300세대** 이상 ③ **전체 세대수 : 600세대** 이상

08 도시형 생활주택★★
▶ 분양가 상한제[×], 아파트[×]

① 도시지역에 건설하는 **300세대 미만**의 국민주택규모(85m² 이하)에 해당하는 다음의 주택

    ㉠ 단지형 연립주택 : 소형주택이 아닌 연립주택 ➡ 건축위원회 **심의** ➡ **5개**층까지 건축

    ㉡ 단지형 다세대주택 : 소형주택이 아닌 다세대주택 ➡ 건축위원회 **심의** ➡ **5개**층까지 건축

    ㉢ 소형 주택 : 지하층에는 세대를 설치하지 아니할 것

> 1. 세대별 주거전용면적은 60m² **이하**일 것
> 2. 세대별로 독립된 주거가 가능하도록 욕실 및 부엌을 설치할 것
> 3. 주거전용면적이 30m² **미만**인 경우에는 **욕실 및 보일러실을 제외한 부분을 하나의 공간**으로 구성할 것
> 4. 주거전용면적이 30m² **이상**인 경우에는 욕실 및 보일러실을 제외한 부분을 세 개 이하의 침실(각각의 면적이 7m² 이상인 것을 말한다)과 그 밖의 공간으로 구성할 수 있으며, 침실이 두 개 이상인 세대수는 소형 주택 전체 세대수(소형 주택과 함께 건축하는 그 밖의 주택의 세대수를 포함한다)의 3분의 1(그 3분의 1을 초과하는 세대 중 세대당 주차대수를 0.7대 이상이 되도록 주차장을 설치하는 경우에는 해당 세대의 비율을 더하여 2분의 1까지로 한다)을 초과하지 않을 것

② 복합건축제한 : 하나의 건축물에는 도시형 생활주택과 그 밖의 주택을 함께 건축할 수 없다. 단지형 연립주택 또는 단지형 다세대주택과 소형 주택을 함께 건축할 수 없다. 다만, **소형 주택**과 주거전용면적 85m²를 초과하는 주택 **1세대**를 함께 **건축할 수 있다**. ▶ 소+1 ➡ 상준, 소와 그 외 **상업**지역 또는 **준주거**지역에서 **소형주택과 도시형생활주택 외의 주택을 함께 건축할 수 있다**.

■ 핵심 예상 문제 076

76 주택법령상 도시형 생활주택에 관한 설명 중 틀린 것은?

    ① 도시형 생활주택이란 500세대 미만의 국민주택규모에 해당하는 아파트를 말한다.

    ② 소형 주택은 세대별 주거전용면적이 60m² 이하이어야 한다.

    ③ 소형주택은 주거전용면적이 30m² 미만인 경우에는 욕실 및 보일러실을 제외한 부분을 하나의 공간으로 구성하여야 한다.

    ④ 주거전용면적이 30m² 이상인 경우에는 욕실 및 보일러실을 제외한 부분을 세 개 이하의 침실(각각의 면적이 7m² 이상)과 그 밖의 공간으로 구성할 수 있으며, 침실이 두 개 이상인 세대수는 소형 주택 전체 세대수(소형주택과 함께 건축하는 그 밖의 주택의 세대수를 포함한다)의 3분의 1(그 3분의 1을 초과하는 세대 중 세대당 주차대수를 0.7대 이상이 되도록 주차장을 설치하는 경우에는 해당 세대의 비율을 더하여 2분의 1까지로 한다)을 초과하지 않아야 한다.

    ⑤ 소형 주택과 주거전용면적 85m²를 초과하는 주택 1세대를 함께 건축하는 경우와 상업지역 또는 준주거지역에서 소형주택과 도시형 생활주택 외의 주택을 함께 건축할 수 있다.

09 부대시설★★ ⇨ **딸린 시설**　　　　　　　　　　　　▶ 자가용타고 아파트로 퇴근

담장·주택단지 안의 도로·주차장·관리사무소, **건축설비**(우편물 수취함·승강기·안테나·국기게 양대·피뢰침)

10 복리시설★★ ⇨ **생활복리 시설**　　　　　　　　　　　　　▶ 할아버지와 손자

어린이놀이터·근린생활시설·유치원·주민운동시설 및 경로당

11 간선시설★ ⇨ **연결 시설**　　　　　　　　　　　　　　▶ 도로 + 불 3번 질러

도로·전기시설·가스시설·지역난방시설·상하수도 및 통신시설 등 주택단지 안의 기간시설을 그 주택단지 밖에 있는 같은 종류의 기간시설에 연결시키는 시설을 말한다. 다만, **가**스시설·**통**신시설 및 **지**역난방시설의 경우에는 주택단지 안의 기간시설을 포함한다.

■ 핵심 예상 문제 077

77 주택법령상 용어에 관한 설명으로 틀린 것은?
　① 주택에 딸린 주차장은 부대시설에 속한다.
　② 주택에 딸린 건축설비는 부대시설에 속한다.
　③ 주택단지의 근린생활시설은 부대시설에 속한다.
　④ 주택단지의 어린이놀이터는 복리시설에 속한다.
　⑤ 주택단지의 안과 밖을 연결시키는 지역난방시설은 간선시설에 속한다.

12 리모델링★　　　　　　　　　　　　　　　　　　　　▶ 공사완료일[×]

① 리모델링 ⇨ 증축 또는 대수선(사용검사일부터 10년)하는 행위
② **증축**(**사용검사일**부터 **15**년이 경과) ⇨ 공동주택을 각 세대 주거전용면적[전유부분]의 30% 이내(85㎡ 미만인 경우에는 40% 이내)에서 증축하는 행위 ⇨ 공용부분도 증축할 수 있다.
③ 각 세대의 증축 가능 면적을 합산한 면적의 범위에서 기존 세대수의 15% 이내에서 세대수 증가형 리모델링. 다만, 수직증축형 리모델링은 **15층 이상** ⇨ **3개층 이하**(**14층** 이하 ⇨ **2**개층 이하)

78 주택법령상 용어에 관한 설명으로 옳은 것은?

① 세대구분형 공동주택이란 공동주택의 주택내부 공간의 일부를 세대별로 구분하여 생활이 가능한 구조로 하되 그 구분된 공간의 일부를 구분소유할 수 있는 주택이다.

② 공구란 하나의 주택단지에서 둘 이상으로 구분되는 일단의 구역으로서 공구별 세대수는 200세대 이상으로 해야 한다.

③ 입주자대표회의가 리모델링하려는 경우에는 리모델링설계개요, 공사비, 소유자의 비용분담 명세가 적혀 있는 결의서에 주택단지 소유자 2/3 이상의 동의를 받아야 한다.

④ 공사완료일 또는 사용승인일부터 15년이 경과된 공동주택을 각 세대의 주거전용면적의 3/10 이내에서 증축하는 행위는 리모델링이다.

⑤ 수직증축형 리모델링의 대상이 되는 기존 건축물의 층수가 15층 이상인 경우에는 3개층까지 증축할 수 있다.

01 등록사업자★   ▶ 시공자가 등록[×]

① 등록사업주체 : **연간 20호, 20세대** 다만, 도시형 생활주택(소형 주택과 주거전용면적 85m²를 초과하는 주택 1세대를 함께 건축하는 경우를 포함)은 30세대 이상의 주택건설사업을 **시행**하려는 **자** 또는 **연간 1만m²** 이상의 대지조성사업을 하려는 자는 국토교통부장관에게 등록하여야 한다.

② 국가·지방자치단체, 한국토지주택공사, 지방공사, 공익법인, **등록사업자와 공동으로 건설사업을 하는 주택조합, 근로자를 고용하는 자는 등록하지 아니한다.**

■ 핵심 **예상 문제** 079

79 주택법령상 주택건설사업 또는 대지조성사업의 등록 등에 관한 설명 중 옳은 것은?

① 한국토지주택공사가 대지조성사업을 시행하고자 하는 경우에는 국토교통부장관에게 등록할 필요가 없다.

② 지방공사가 주택건설사업을 시행하고자 하는 경우에는 국토교통부장관에게 등록하여야 한다.

③ 주택건설사업을 목적으로 하는 공익법인은 국토교통부장관에게 등록하여야 한다.

④ 주택조합이 등록사업자와 공동으로 조합원의 주택을 건설하려는 경우에는 국토교통부장관에게 등록하여야 한다.

⑤ 고용자가 그 근로자의 주택을 건설하는 경우에는 등록사업자와 공동으로 사업을 시행하여야 하며, 이 경우 고용자와 등록사업자를 공동사업주체로 추정한다.

02 등록말소

① 등록기준에 미달하면 그 등록을 말소하거나 1년 이내의 기간을 정하여 영업의 정지를 명할 수 있다. 다만, 거짓 그 밖의 부정한 방법으로 등록, 등록증 대여한 때 말소하여야 한다.

② 등록사업자 결격사유 : 제한능력자, 파산자, 금고 이상의 실형을 선고받고 집행이 끝나거나 집행이 면제된 날부터 2년이 지나지 아니한 자, 집행유예기간 중에 있는 자, 등록이 말소된 후 2년이 지나지 아니한 자

03 공동사업주체로 본다.   ▶ 추정[×], ▶ 고용자는 등록사업자와 공동시행할 수 있다.[×]

① 토지소유자가 주택을 건설하는 경우에는 등록사업자와 공동으로 사업을 시행할 수 있다.

② 주택조합(세대수를 증가하지 아니하는 리모델링 주택조합을 제외)이 그 구성원의 주택을 건설하는 경우에는 등록사업자(지방자치단체·한국토지주택공사 및 지방공사를 포함한다)와 공동으로 사업을 시행할 수 있다.

③ **고용자**가 근로자 주택을 건설 ⇨ 등록사업자와 공동으로 사업을 **시행하여야 한다.**

구 분	지역주택조합	직장주택조합	리모델링 주택조합
지역 직장 주택 조합 공통점	\multicolumn{3}{}{}		

구 분	지역주택조합	직장주택조합	리모델링 주택조합
지역 직장 주택 조합 공통점	지역·직장주택조합 인가의 공통점 ⇨ 조합원 모집 : **50% 이상 사용권원 확보하여** 신고하고, 공개모집 ⇨ 충원·재모집시 신고하지 아니하고 선착순의 방법 ⇨ 조합원의 수 = 예정세대수 50% 이상, 최소한 20인 이상 ⇨ 무주택 또는 85㎡ 이하 한 채 소유 ⇨ **80% 이상 토지의 사용권원 확보 ⊕ 해당 주택건설대지의 15% 이상 소유권 확보** ⇨ 시장·군수·구청장 인가 ⇨ 2년 이내 사업계획승인 신청[사업계획승인 받는 것은 3년] ⇨ 조합설립인가 받은 후 신규가입교체금지 ⇨ 사업계획승인 이후 양도·양수 자유 **직장주택조합은 국민주택 공급 ⇨ 신고 ⇨ 집 없다.(무주택자에 한한다.)**		
의 의	일정 지역[8도+특자도]에 거주하는 주민이 주택을 마련하기 위하여 설립한 조합	**같은** 직장의 근로자가 주택을 마련하기 위하여 설립한 조합	공동주택의 소유자가 해당 주택을 리모델링하기 위하여 설립한 조합(유주택자) ⇨ 무주택자(×) ⇨ **건설(×)**
인 가	시장·군수·구청장의 인가	주택건설 ⇨ 인가 / **국민주택 공급 ⇨ 신고**	시장·군수·구청장의 인가
인 가	인가 시 주택건설대지의 **80% 이상 사용권원을 확보⊕ 해당 주택건설대지의 15% 이상 소유권 확보** [참고] 리모델링 허가 ① 동을 리모델링 : 75% 이상 동의 ② 주택단지 전체 : **전체** 75% **각 동** + **50%** 이상		① 동을 리모델링 : **2/3** 이상 결의 ② 주택단지 전체 : 주택단지 **전체** 구분소유자 및 의결권의 각 **2/3**이상 결의와 **각 동** 구분소유자 및 의결권의 각 **과반수** 결의 ⇨ 인가
인 가	지역·직장주택조합 ⇨ 2년 이내 사업계획승인 신청		**2년** 이내 리모델링 허가신청
조합원	예정 세대수의 50% 이상, 20명 이상일 것		수의 제한 없다.
자 격	**무주택** 또는 **85m² 이하** 주택 한 채 소유 (6개월 이상 거주)	인가 ⇨ **무주택**이나 **85m²** 이하 한 채 소유	① 사업계획승인을 얻어 건설한 공동주택의 소유자(복리시설 소유자) ② 건축법에 따른 분양을 목적으로 건설한 공동주택의 소유자(공동주택 외의 시설의 소유자)
자 격		신고 ⇨ **무주택**(85m² 이하의 한 채 소유 ×)	
자 격	조합설립인가를 받은 후 신규가입·교체금지		
지역 직장 주택 조합 특징	① 주택조합(리모델링주택조합은 제외)은 그 구성원을 위하여 **건설**하는 주택을 그 조합원에게 우선 공급할 수 있다. ⇨ 리모델링주택조합은 건설(×), 단 세대수 증가형은 건설가능 ② 시장·군수·구청장은 주택조합 또는 그 조합의 구성원이 명령이나 처분을 위반한 경우, **거짓**이나 부정한 방법으로 설립인가를 받은 경우에는 조합설립인가를 **취소할 수 있다**. ③ 주택조합과 등록사업자가 공동으로 사업을 시행·시공할 경우 등록사업자는 자신의 **귀책**사유로 사업추진이 지연됨으로 인해 조합원에게 발생한 **손해를 배상**해야 한다. ④ 지역주택조합 또는 직장주택조합은 **설립인가를 받은 후**에는 조합의 구성원을 교체하거나 신규로 가입하게 할 수 없다. 다만, 조합원수가 주택건설예정세대수를 초과하지 아니하는 범위에서 시장·군수·구청장으로부터 조합원 추가모집의 승인을 받은 경우와 사망, 자격상실, 탈퇴(**50% 미만**), 사업계획승인 이후에 입주자로 선정된 지위가 양도·증여·판결 등으		

로 변경된 경우 등의 사유로 결원이 발생한 범위에서 충원하는 경우에는 그러하지 아니하다 (주택의 전매가 금지되는 경우에는 충원이 아니 된다).

⑤ 조합원으로 추가 모집되는 자와 충원되는 자에 대한 조합원 자격요건 충족여부의 판단은 주택조합의 **설립인가신청일을 기준**으로 한다. 다만, 조합원 지위를 **상속**받는 자는 조합원 자격요건을 필요로 하지 아니한다. 주택조합의 변경인가신청은 사업계획승인신청일까지 하여야 한다.

⑥ 조합의 발기인 또는 임원이 결격사유[**선고유예**]가 발생하면 발기인은 그 지위를 상실하고, 임원은 **당연히 퇴직되며**, 퇴직 전에 관여한 행위는 **효력을 상실하지 아니한다**.

⑦ 주택조합 및 주택조합의 발기인은 계약금 등 자금의 보관 업무는 **신탁업자**에게 대행하도록 하여야 한다.

⑧ 발기인의 주택조합에 가입의제 : 주택조합의 발기인(1년 이상 거주)은 조합원 모집 신고를 하는 날 주택조합에 가입한 것으로 본다.

⑨ 설명의무 : 모집주체는 주택조합 가입계약서의 내용을 주택조합 가입 신청자가 이해할 수 있도록 설명하여야 하고, 모집주체는 설명한 내용을 주택조합 가입 신청자가 이해하였음을 서면으로 확인을 받아 교부하여야 하며, 그 사본을 **5년간 보관**하여야 한다.

⑩ 청약의 철회 : 주택조합의 가입을 신청한 자는 가입비 등을 **예치한 날부터 30일 이내**에 주택조합 가입에 관한 **청약을 철회**할 수 있다.⇨ 효력발생 : 청약 철회를 **서면으로 하는 경우**에는 청약 철회의 의사를 표시한 **서면을 발송한 날에 그 효력이 발생**한다.

⑪ 가입비 등의 지급 및 반환 : **모집주체는** 주택조합의 가입을 신청한 자가 청약 철회를 한 경우 청약 철회 의사가 도달한 날부터 **7일 이내**에 예치기관의 장에게 **가입비등의 반환을 요청**하여야 한다. ⇨ 예치기관의 장은 가입비등의 반환 요청을 받은 경우 요청일부터 **10일 이내**에 그 가입비등을 예치한 자에게 **반환**하여야 한다. ⇨ 모집주체는 주택조합의 가입을 신청한 자에게 청약 철회를 이유로 **위약금 또는 손해배상을 청구할 수 없다**. ⇨ 청약을 철회할 수 있는 기간 이내에는 조합의 탈퇴 및 탈퇴한 조합원의 비용 환급청구를 적용하지 않는다.

⑫ 사업종결 여부 결정 : 주택조합의 발기인은 조합원 모집 신고가 수리된 날부터 **2년**이 되는 날까지 주택조합 설립인가를 받지 못하는 경우 대통령령으로 정하는 바에 따라 주택조합 가입 신청자 전원으로 구성되는 총회 의결을 거쳐 **주택조합 사업의 종결 여부를 결정**하도록 하여야 한다.[총회는 주택조합 가입 신청자의 3분의 2 이상의 찬성으로 의결한다. 이 경우 주택조합 가입 신청자의 100분의 20 이상이 직접 출석해야 한다.]

⑬ 주택조합의 해산 여부 결정 : 주택조합은 주택조합의 설립인가를 받은 날부터 **3년**이 되는 날까지 사업계획승인을 받지 못하는 경우 대통령령으로 정하는 바에 따라 총회의 의결을 거쳐 **해산 여부를 결정**하여야 한다.

⑭ 소집통지 : 총회를 소집하려는 주택조합의 임원 또는 발기인은 총회가 개최되기 **7일 전**까지 회의 목적, 안건, 일시 등을 정하여 조합원 또는 주택조합 가입 신청자에게 통지하여야 한다.

| 리모델링 주택 조합 | ① 리모델링의 **허가를 신청하기 위한 동의율을 확보한 경우** 리모델링주택조합은 리모델링 결의에 찬성하지 아니하는 자의 주택 및 토지에 대하여 **매도청구를 할 수 있다**.
 ② 소유자 전원의 동의를 받은 입주자[대표회의]·사용자 또는 관리주체는 시장·군수·구청장에게 허가(**신고✕**)받고 리모델링을 할 수 있다. |

80 **주택법령상 주택조합에 관한 설명으로 옳은 것은?**

① 국민주택을 공급받기 위하여 직장주택조합을 설립하는 경우 관할 시장·군수·구청장의 인가를 받아야 한다.

② 주택조합과 등록사업자가 공동으로 사업을 시행·시공할 경우 등록사업자는 자신의 귀책사유로 사업추진이 지연됨으로 인해 조합원에게 발생한 손해를 배상해야 한다.

③ 지역주택조합설립인가를 받으려는 자는 해당 주택건설대지의 50% 이상에 해당하는 토지의 사용권원을 확보하고, 해당 주택건설대지의 15% 이상에 해당하는 토지의 소유권을 확보하여야 한다.

④ 지역주택조합의 설립인가를 받기 위하여 조합원을 모집하려는 자는 관할 시장·군수·구청장에게 신고하고, 선착순의 방법으로 조합원을 모집하여야 한다.

⑤ 조합설립 인가 후에 조합원으로 추가모집되는 자가 조합원 자격 요건을 갖추었는지를 판단할 때에는 추가모집공고일을 기준으로 하고, 조합원 추가모집에 따른 주택조합의 변경인가 신청은 사업계획승인신청일까지 하여야 한다.

81 **주택법령상 리모델링에 관한 설명으로 옳은 것은?** (단, 조례는 고려하지 않음)

① 기존 14층 건축물에 수직증축형 리모델링이 허용되는 경우 2개층까지 증축할 수 있다.

② 리모델링주택조합의 설립인가를 받으려는 자는 인가신청서에 해당 주택소재지의 80% 이상의 토지에 대한 토지사용승낙서를 첨부하여 관할 시장·군수 또는 구청장에게 제출하여야 한다.

③ 소유자 전원의 동의를 받은 입주자대표회의는 시장·군수·구청장에게 신고하고 리모델링을 할 수 있다.

④ 수직증축형 리모델링의 경우 리모델링주택조합의 설립인가신청서에 당해 주택이 사용검사를 받은 후 10년 이상의 기간이 경과하였음을 증명하는 서류를 첨부하여야 한다.

⑤ 리모델링주택조합이 시공자를 선정하는 경우 수의계약의 방법으로 하여야 한다.

01 주택상환사채★★[제19,23,25,27,31,32,33회]   ▶ 기획재정부장관[×]

① 발행 : 한국토지주택공사(보증 ×), **등**록사업자(보증 O) ⇨ **국토교통부장관**의 **승인**받아 발행
② 발행방법 : 액면 또는 할인의 방법으로 **기명**증권 ⇨ 주택상환사채는 양도하거나 중도에 해약할 수 없다. ⇨ 세대원 **전원**이 해외이주, 상속 등 부득이한 사유가 있는 경우에는 양도할 수 있다. ⇨ 주택상환사채 **명의변경**(취득자의 성명과 주소를 **사채원부**에 기재하는 방법) ⇨ **대**항력(취득자의 성명을 **채권**에 기록 ⇨ 사채발행자 및 제3자에게 대항할 수 있다.)
③ 상환 : 발행일로부터 **3년** 초과금지(사채발행일부터 주택공급계약 체결일까지의 기간)
④ 효력 : 등록사업자의 **등록이 말소**되어도 주택상환사채의 효력에는 **영향을 미치지 아니한다**.
⑤ 적용법규 : 주택법에 규정이 있는 경우 외에는 「**상법**」 중 **사채**발행규정 적용

■ 핵심 예상 문제 082

82 주택법령상 주택상환사채에 관한 설명으로 틀린 것은?
① 한국토지주택공사는 주택상환사채를 발행할 수 있다.
② 주택상환사채는 취득자의 성명을 채권에 기록하지 아니하면 사채발행자 및 제3자에게 대항할 수 없다.
③ 등록사업자의 등록이 말소된 경우에는 등록사업자가 발행한 주택상환사채의 효력은 상실된다.
④ 주택상환사채는 액면 또는 할인의 방법으로 발행할 수 있으며, 기명증권(記名證券)으로 발행한다.
⑤ 주택상환사채를 발행하려는 자는 주택상환사채발행계획을 수립하여 국토교통부장관의 승인을 받아야 한다.

02 사업계획승인권자 [제21,22,25,26,28,29,30회]   ▶ 구청장[×]

1. 다음의 구분에 따라 그 사업계획승인을 받아야 한다.
   ① 원칙 : ㉠ 10만㎡ 이상 시·도지사, 대도시 시장
   ㉡ 10만㎡ 미만 특별시장·광역시장·특별자치시장·특별자치도지사·시장 또는 군수
   ② 예 외 : **국토교통부장관**(**국가·한국토지주택공사**가 시행하는 경우, 330만㎡ 이상의 규모로 택지개발사업 또는 도시개발사업을 추진하는 지역, 수도권·광역시 지역의 긴급한 주택난 해소가 필요하거나 **지역균형개발**이 필요한 경우, 광역적 차원의 조정이 필요한 경우 등)

2. 결정·통보 : 신청일부터 **60일 이내에 승인 여부 결정**하고 결과를 사업주체에게 **알려야 한다.**

3. 사업계획승인권자는 착공신고를 받은 날부터 **20일 이내에 신고수리 여부**를 신고인에게 **통지**

03 **공사착공 및 취소**★★　　　　　　　　▸ 최초공구 외의 공구 : 2년 미착수 ⇨ 취소[×]

① 사업계획승인을 받은 경우 : 승인받은 날부터 **5년 이내에** 착수 ⇨ 승인받은 날부터 5년 미착수 ⇨ **취소할 수 있다**(소유권 분쟁[소송절차 진행]으로 지연, 조건이행으로 공사 착수가 지연되는 등 정당한 사유가 있으면 1년 범위 내에서 연장할 수 있다).

② 공구별 분할시행에 따라 사업계획승인을 받은 경우

　㉠ **최초**로 공사를 진행하는 **공구** : 승인 받은 날부터 **5년 이내에** 착수 ⇨ 승인받은 날부터 5년 미착수 ⇨ **취소할 수 있다.**(정당한 사유가 있으면 1년 범위 내에서 연장할 수 있다.)

　㉡ **최초**로 공사를 진행하는 **공구 외의 공구** : 그 주택단지에 대한 최초 착공신고일[사업계획승인×]부터 **2년 이내에** 착수 ⇨ 착공신고일부터 2년 미착수 ⇨ **취소할 수 없다.**

③ 주택 분양보증을 받지 않은 사업주체가 경매·공매로 대지소유권 상실 ⇨ **취소할 수 있다.**

④ 주택 분양보증을 받지 않은 사업주체의 부도·파산으로 공사의 완료가 불가능 ⇨ **취소할 수 있다.**

　▸ 주택법의 취소는 모두 ~~취소할 수 있다. 다만, 주택공급질서교란행위시 계약은 취소하여야 한다.

■ 핵심 예상 문제 083　　　　　　　　　　　　　　　　　　■

83 사업주체 甲은 사업계획승인권자 乙로부터 사업계획승인을 받았다. 주택법령상 이에 관한 설명으로 틀린 것은?

① 甲이 사업계획승인을 받은 날부터 5년 이내 공사를 시작하지 아니한 경우, 乙은 사업계획의 승인을 취소할 수 있으며, 甲이 소송 진행으로 인하여 공사착수가 지연되어 연장신청을 한 경우, 乙은 그 분쟁이 종료된 날부터 1년의 범위에서 공사착수기간을 연장할 수 있다.

② 甲이 최초로 공사를 진행하는 공구에서 사업계획승인을 받은 날부터 5년 이내 공사를 시작하지 아니한 경우, 乙은 사업계획의 승인을 취소할 수 있다.

③ 甲이 최초로 공사를 진행하는 공구 외의 공구에서 해당 주택단지에 대한 최초 사업계획승인을 받은 날부터 2년이 지났음에도 사업주체가 공사를 시작하지 아니한 경우, 乙은 사업계획승인을 취소할 수 있다.

④ 주택분양보증을 받지 않은 甲이 파산하여 공사 완료가 불가능한 경우, 乙은 사업계획승인을 취소할 수 있다.

⑤ 주택분양보증을 받지 않은 甲이 경매·공매 등으로 인하여 대지소유권을 상실한 경우, 甲이 파산하여 공사 완료가 불가능한 경우, 乙은 사업계획승인을 취소할 수 있다.

04 사업계획승인시 대지의 소유권 확보

① 원칙 : 주택건설사업계획의 승인을 받으려는 자는 해당 주택건설대지의 소유권을 확보

② 예외 : 다만, 다음에 해당하는 경우에는 그러하지 아니하다.

> 1. 지구단위계획의 결정이 필요한 주택건설사업의 해당 대지면적의 **100분의 80 이상을 사용할 수 있는 권원**[등록사업자와 공동으로 사업을 시행하는 주택조합(리모델링주택조합은 제외)의 경우에는 95/100 이상의 소유권을 말한다]을 확보하고, 확보하지 못한 대지가 매도청구 대상이 되는 대지에 해당하는 경우
> 2. 대지의 소유권을 확보하지 못하였으나 해당 대지를 사용할 수 있는 권원을 확보한 경우
> 3. 국가 · 지방자치단체 · 한국토지주택공사 또는 지방공사가 주택건설사업을 하는 경우
> 4. 리모델링 결의를 한 리모델링주택조합이 **매도청구**를 하는 경우

05 매도청구★★   ▶ 공시지가(×)

① 매도청구의 주체 및 상대방 : 80% 이상을 사용할 수 있는 권원을 확보하여 사업계획승인을 받은 사업주체는 해당 주택건설대지 중 사용할 수 있는 권원을 확보하지 못한 대지의 소유자에게 그 **대지(건축물 포함)**를 **시가**에 따라 매도할 것을 청구할 수 있다(3개월 이상 협의).

  ㉠ 95% 이상 사용권원을 확보 : 사용권원을 확보하지 못한 **모든** 소유자에게 매도청구

  ㉡ 80% 이상 95% 미만 사용권원을 확보 : 지구단위계획구역 결정고시일 10년 이전에 대지의 소유권을 취득하여 계속 보유하고 있는 자를 제외한 소유자에게 **매도청구를 할 수 있다**.

② 리모델링의 **허가를 신청하기 위한 동의율을 확보한 경우** 리모델링 결의를 한 리모델링주택조합은 리모델링 결의에 찬성하지 아니하는 자의 주택 및 토지에 대하여 **매도청구를 할 수 있다**.

■ **핵심 예상 문제 084**   ■

84 주택법령상 사업계획승인을 받은 사업주체에게 인정되는 매도청구권에 관한 설명으로 틀린 것은?

① 주택건설대지에 사용권원을 확보하지 못한 건축물이 있는 경우 그 건축물도 매도청구대상에 포함된다.

② 사업주체는 매도청구를 하기 전에 3개월 이상 협의를 하여야 한다.

③ 사업주체가 주택건설대지면적 중 100분의 80에 대하여 사용권원을 확보한 경우, 사용권원을 확보하지 못한 대지의 소유자 중 지구단위계획구역 결정고시일 10년 이전에 해당 대지의 소유권을 취득하여 계속 보유하고 있는 자를 제외한 소유자에게 매도청구를 할 수 있다.

④ 사업주체가 주택건설대지면적 중 100분의 95에 대하여 사용권원을 확보한 경우, 사용권원을 확보하지 못한 대지의 모든 소유자에게 매도청구를 할 수 있다.

⑤ 사업주체는 매도청구대상 대지의 소유자에게 그 대지를 공시지가로 매도할 것을 청구할 수 있다.

① 주택 소유자의 매도청구 : 주택(복리시설 포함)의 소유자들은 주택단지 전체 대지에 속하는 일부의 토지에 대한 소유권이전등기 말소소송 등에 따라 사용검사를 받은 이후에 해당 토지의 소유권을 회복한 자(실소유자)에게 해당 토지를 **시가**로 매도할 것을 청구할 수 있다.

② 대표자 선정요건 : 주택의 소유자들은 대표자를 선정하여 매도청구에 관한 소송을 제기할 수 있다. 이 경우 대표자는 주택의 소유자 전체의 **4분의 3 이상의 동의**를 받아 선정한다.

③ 판결 효력 : 매도청구에 관한 소송에 대한 판결은 주택의 소유자 **전체에 대하여 효력**이 있다.

④ 매도청구의 요건 : 매도청구를 하려는 경우에는 해당 토지의 면적이 주택단지 전체 대지 면적의 **100분의 5 미만**이어야 한다.

⑤ 송달기간 : 매도청구의 의사표시는 실소유자가 해당 토지 소유권을 회복한 날부터 **2년 이내**에 해당 실소유자에게 송달되어야 한다.

⑥ 구상권 행사 : 주택의 소유자들은 매도청구로 인하여 발생한 비용의 전부를 사업주체에게 구상(求償)할 수 있다.

■ 핵심 예상 문제 085

85 주택법령상 사용검사 후 매도청구 등에 관한 설명으로 틀린 것은?

① 주택의 소유자들은 주택단지 전체 대지에 속하는 일부의 토지에 대한 소유권이전등기 말소소송 등에 따라 사용검사를 받은 이후에 토지소유권을 회복한 자에게 그 토지를 시가로 매도할 것을 청구할 수 있다.

② 주택의 소유자들은 대표자를 선정하여 매도청구에 관한 소송을 제기할 수 있고 대표자는 주택의 소유자 전체의 2/3 이상의 동의를 얻어 선정한다.

③ 매도청구에 관한 소송에 대한 판결은 주택의 소유자 전체에 대하여 효력이 있다.

④ 매도청구를 하려는 경우에는 해당 토지의 면적이 주택단지 전체 대지 면적의 5/100 미만이어야 한다.

⑤ 매도청구의 의사표시는 실소유자가 해당 토지 소유권을 회복한 날부터 2년 이내에 해당 실소유자에게 송달되어야 한다.

07 국·공유지 우선 매각 및 임대★　　　　　▸2년 이내 미착수 계약을 취소하여야 한다. [×]

① 국가 또는 지방자치단체는 그가 소유하는 토지를 매각하거나 임대할 때 다음의 목적으로 그 토지의 매수 또는 임차를 원하는 자가 있으면 우선적으로 매각하거나 임대할 수 있다.

　　㉠ 국민주택규모의 주택을 **50% 이상**으로 건설하는 주택의 건설

　　㉡ 주택조합이 건설하는 주택의 건설

② 국가 또는 지방자치단체는 국가 또는 지방자치단체로부터 토지를 매수하거나 임차한 자가 매수일 또는 임차일부터 **2년** 이내에 국민주택규모의 주택 또는 조합주택을 건설하지 아니하거나 그 주택을 건설하기 위한 대지조성사업을 시행하지 아니한 경우에는 환매하거나 임대계약을 **취소할 수 있다**.

08 체비지 매각★　　　　　　　　　　▸체비지의 양도가격 : 공시지가 [×]

① 사업주체가 국민주택용지로 사용하기 위하여 도시개발사업 시행자에게 체비지의 매각을 요구한 경우 개발사업시행자는 체비지의 총면적의 **50%**의 범위에서 이를 우선적으로 사업주체에게 **매각할 수 있다**.

② 체비지의 양도가격 : **감정가격**을 기준으로 한다. **예외** ⇨ **조성원가**를 기준으로 할 수 있다.

09 사용검사

① 사용검사권자 : 사업주체는 사업계획승인을 받아 시행하는 주택건설사업 또는 대지조성사업을 완료한 경우에는 주택 또는 대지에 대하여 시장·군수·구청장의 사용검사(국토교통부장관 : 국가·한국토지주택공사가 시행하는 경우)를 받아야 한다.

② 사용검사기간 : 사용검사는 신청일부터 15일 이내에 하여야 한다.

③ 동별 사용검사 : 사업계획을 승인받은 경우에는 완공된 주택에 대하여 **공구별로 사용검사**(분할 사용검사)를 받을 수 있고, 사업계획승인 조건의 미이행 등 대통령령으로 정하는 사유가 있는 경우에는 공사가 완료된 주택에 대하여 동별로 사용검사를 받을 수 있다.

　　　임시사용승인　　　　　▸대구, 주동, 공세

　1. 대지조성사업의 경우　　⇨ 구획별로 공사가 완료된 때,

　2. 주택건설사업의 경우　　⇨ 건축물의 동별로 공사가 완료된 때,

　3. 공동주택인 경우　　　　⇨ 세대별로 임시사용승인을 할 수 있다.

01 **분양가상한제 적용주택**★★ [제21,22,23,25,27,28회]

① 적용주택 : 사업주체가 일반인에게 공급하는 공동주택 중 다음에 해당하는 지역에서 공급하는 주택의 경우에는 분양가격 이하로 공급하여야(분양가상한제 적용주택) 한다.

> 1. 공공택지
> 2. 공공택지 외의 택지(민간택지)로서 다음의 어느 하나에 해당하는 지역
>   ① 공공주택 특별법에 따른 도심 공공주택 복합지구
>   ② 도시재생 활성화 및 지원에 관한 특별법에 따른 주거재생혁신지구
>   ③ 주택가격 상승 우려가 있어 국토교통부장관이 주거정책심의위원회의 심의를 거쳐 지정하는 지역

② 분양가상한제 적용제외 : 다음의 경우에는 분양가상한제를 적용하지 아니한다.

> 1. 도시형 생활주택
> 2. 경제자유구역에서 건설·공급하는 공동주택(경제자유구역위원회가 심의·의결한 경우)
> 3. 관광특구에서 건설·공급하는 층수가 50층 이상이거나 높이가 150m 이상인 공동주택
> 4. 한국토지주택공사 또는 지방공사가 소규모주택정비사업의 시행자로 참여하여 건설·공급하는 주택
> 5. 도시 및 주거환경정비법에 따른 공공재개발사업에서 건설·공급하는 주택, 혁신지구재생사업

③ 분양가격은 택지비(땅 값)와 건축비(집 값)로 구성한다. 다만, 토지임대부 분양주택의 분양가격은 건축비만으로 구성된다.

④ 분양가격의 공시 : 공공택지는 사업주체가 분양가격을 공시하여야 한다.
　　　　　　　　　　공공택지 외의 택지는 시장·군수·구청장이 분양가격을 공시하여야 한다.

■ **핵심 예상 문제 086** ■

86 **주택법령상 주택의 공급 및 분양가상한제 적용주택에 대한 설명으로 틀린 것은?**

① 도시 및 주거환경정비법에 따른 공공재개발사업과 공공재건축사업에서 건설·공급하는 주택은 분양가상한제가 적용되지 않는다.

② 분양가상한제 적용주택의 분양가격은 택지비와 건축비로 구성된다.

③ 사업주체가 일반인에게 공급하는 도시형 생활주택에 대해서는 분양가상한제가 적용되지 않는다.

④ 시장·군수·구청장은 주택의 분양가격 제한과 분양가격의 공시에 관한 사항을 심의하기 위하여 사업계획승인 신청이 있는 날부터 20일 이내에 분양가심사위원회를 설치·운영하여야 한다.

⑤ 사업주체는 공공택지에서 공급하는 분양가상한제 적용주택에 대하여 입주자모집승인을 받았을 때에는 분양가격을 공시하여야 한다.

02 **분양가상한제 적용지역의 지정 및 해제** ▸ 분양가상한제적용지역 지정은 시·도지사〔×〕

① 지정요건 : **국토교통부장관**은 주택가격상승률이 물가상승률보다 현저히 높은 지역으로서 주택가격이 급등하거나 급등할 우려가 있는 지역 중 대통령령으로 정하는 기준을 충족하는 지역에 대하여는 주거정책심의위원회 심의를 거쳐 분양가상한제 적용 지역으로 지정할 수 있다.

> **투기과열지구 중** 다음에 해당하는 지역을 말한다.
> 1. 분양가상한제 적용지역으로 지정하는 날이 속하는 달의 바로 전 달(이하 "분양가상한제적용직전월")부터 소급하여 **12개월간의 아파트 분양가격상승률이 물가상승률의 2배를 초과한 지역**
> 2. 분양가상한제적용직전월부터 소급하여 **3개월간**의 주택매매**거래량**이 전년 동기 대비 **20% 이상** 증가한 지역
> 3. 분양가상한제적용직전월부터 소급하여 주택공급이 있었던 **2개월** 동안 해당 지역에서 공급되는 주택의 월평균 청약경쟁률이 모두 **5대 1을 초과**하였거나 해당 지역에서 공급되는 **국민주택규모 주택**의 월평균 청약경쟁률이 모두 **10대 1을 초과**한 지역

② 분양가상한제 적용지역 지정의 해제를 요청받은 국토교통부장관 ⇨ **40일 이내** ⇨ 결정하여 통보

③ 시장·군수·구청장은 주택의 분양가격제한과 분양가격공시에 관한 사항을 심의하기 위하여 사업계획승인 신청이 있는 날부터 **20일** 이내에 분양가심사위〔2〕원회를 설치·운영하여야 한다.

  ▸ 거주의무자는 해당 주택의 최초 입주가능일부터 5년 이내의 범위에서 해당 주택의 분양가격과 인근지역 주택매매가격의 비율에 따라 거주의무기간 동안 계속하여 해당 주택에 거주하여야 한다.

■ **핵심 예상 문제 087**

87 분양가상한제 적용 지역의 지정 기준에 관한 조문의 일부이다. 다음 (   )에 들어갈 숫자를 옳게 연결한 것은?

> 투기과열지구 중 다음에 해당하는 지역을 말한다.
> 1. 분양가상한제적용직전월부터 소급하여 12개월간의 아파트 분양가격상승률이 물가상승률의 (㉠)배를 초과한 지역
> 2. 분양가상한제적용직전월부터 소급하여 3개월간의 주택매매거래량이 전년 동기대비 (㉡)퍼센트 이상 증가한 지역
> 3. 분양가상한제적용직전월부터 소급하여 주택공급이 있었던 2개월 동안 해당 지역에서 공급되는 주택의 월평균 청약경쟁률이 모두 (㉢)대 1을 초과하였거나 해당 지역에서 공급되는 국민주택규모 주택의 월평균 청약경쟁률이 모두 (㉣)대 1을 초과한 지역

① ㉠: 2, ㉡: 20, ㉢: 5, ㉣: 10

② ㉠: 2, ㉡: 30, ㉢: 5, ㉣: 10

③ ㉠: 3, ㉡: 20, ㉢: 3, ㉣: 20

④ ㉠: 2, ㉡: 10, ㉢: 3, ㉣: 30

⑤ ㉠: 3, ㉡: 20, ㉢: 5, ㉣: 30

03 주택의 공급★

사업주체가 입주자 모집시 **시장·군수·구청장의 승인(복리시설의 경우에는 신고)**을 받아 주택을 건설·공급 ⇨ **국가·지방자치단체·한국토지주택공사·지방공사는 승인을 받지 아니하고, 복리시설은 신고하지 아니한다**.

04 마감자재 목록표 등의 제출

① 목록표 등의 제출 : 사업주체가 시장·군수·구청장의 입주자모집승인을 받으려는 경우(사업주체가 국가·지방자치단체·한국토지주택공사 및 지방공사인 경우에는 견본주택을 건설하는 경우를 말한다)에는 건설하는 견본주택에 사용되는 마감자재의 규격·성능 및 재질을 적은 **마감자재 목록표와 견본주택의 각 실의 내부를 촬영한 영상물 등을 제작하여 승인권자에게 제출**하여야 한다.

② 목록표 등의 보관 : 시장·군수·구청장은 마감자재 목록표와 영상물 등을 사용검사가 있는 날부터 2년 이상 보관하여야 하며, 입주자가 열람을 요구하는 경우에는 이를 공개하여야 한다.

③ 마감자재의 변경 : 사업주체가 마감자재 생산업체의 부도 등으로 인한 제품의 품귀 등 부득이한 사유로 인하여 사업계획승인 또는 마감자재목록표의 마감자재와 다르게 마감자재를 시공·설치하려는 경우에는 당초의 마감자재와 **같은 질 이상**으로 설치하여야 하며, 사업주체가 마감자재목록표의 자재와 다른 마감자재를 시공·설치하려는 경우에는 그 사실을 입주예정자에게 알려야 한다.

■ 핵심 예상 문제 088

88 주택법령상 주택의 공급에 관한 설명으로 틀린 것은?

① 지방공사가 사업주체로서 견본주택을 건설하는 경우에는 견본주택에 사용되는 마감자재 목록표와 견본주택의 각 실의 내부를 촬영한 영상물 등을 제작하여 시장·군수·구청장에게 제출하여야 한다.

② 사업주체가 부득이한 사유로 인하여 사업계획승인의 마감자재와 다르게 시공·설치하려는 경우에는 당초마감자재와 같은 질 이상의 자재로 설치할 수 있다.

③ 사업주체가 마감자재 목록표의 자재와 다른 마감자재를 시공·설치하려는 경우에는 그 사실을 입주예정자에게 알려야 한다.

④ 한국토지주택공사가 총지분의 100분의 60을 출자한 부동산투자회사가 사업주체로서 입주자를 모집하려는 경우에는 시장·군수·구청장의 승인을 받지 아니한다.

⑤ 지방공사가 복리시설의 입주자를 모집하려는 경우 시장·군수·구청장에게 신고를 하지 아니한다.

05 **주택공급질서 교란금지행위**★★ **[제**15,18,23,24,25,32**회]**　　▶ 도시개발채권은 양도가능하다.

누구든지 주택을 공급받을 수 있는 조합원의 지위, 주택상환사채, 입주자저축증서, 무허가건물확인서 · 건물철거예정증명서 · 건물철거확인서, 이주대책대상자확인서를 **양도** 또는 **양수(매매, 증여)**하거나 **알선** 하거나 **광고**를 하는 행위를 금지한다. 다만, **상속 · 저당, 채권의 양도**는 가능하다.

■ **핵심 예상 문제** 089

89 주택법령상 주택공급질서의 교란을 방지하기 위하여 금지되는 행위인 것은?

① 도시개발채권의 양도

② 토지상환채권의 양도

③ 입주자저축 증서의 증여

④ 주택상환사채의 저당

⑤ 주택을 공급받을 수 있는 주택조합원 지위의 상속

06 **위반 효과**

① 주택공급신청 할 수 있는 지위의 무효, 체결된 공급**계약을 취소하여야 한다.**
　　▶ 주택법의 취소는 모두 ~~취소할 수 있다. 다만, 주택공급질서교란행위시 계약은 취소하여야 한다.

② 환매 : 주택가격산정금액 지급시 사업주체가 해당 주택을 취득한 것으로 본다.

③ 퇴거명령 : 주택가격을 지급하거나 법원에 공탁한 경우에는 해당 주택에 입주한 자에 대하여 기간 을 정하여 퇴거를 명할 수 있다.

④ 위반한 자에 대하여 **10년 이내**의 범위에서 주택의 입주자 자격을 제한할 수 있다.

⑤ 3년 이하 징역 또는 3,000만 원 이하의 벌금을 부과한다. 다만, 그 위반행위로 얻은 이익의 3배에 해당하는 금액이 3천만원을 초과하는 자는 **그 이익의 3배에 해당하는 금액 이하의 벌금**에 처한다.

⑥ 국토교통부장관 또는 사업주체는 주택공급질서 교란금지행위을 위반한 공급질서 교란 행위가 있 었다는 사실을 알지 못하고 주택 또는 주택의 입주자로 선정된 지위를 취득한 매수인이 해당 공급 질서 교란 행위와 관련이 없음을 대통령령으로 정하는 바에 따라 소명하는 경우에는 이미 체결된 주택의 공급계약을 취소하여서는 아니 된다.

01 저당권 설정 등의 제한★★
▶ 이전등기 신청할 수 있는 날 이후 90일[×]

저당권 설정 등의 제한	**사업주체**는 주택건설사업에 의하여 건설된 주택 및 대지에 대하여는 **입주자 모집공고 승인신청일**부터(**주택조합**은 **사업계획승인신청일**) 소유권 **이전등기 신청할 수 있는 날**(= 통보한 입주 가능일) **이후 60일**까지의 기간 동안 입주예정자의 동의 없이 가등기담보, 저당권 설정 등의 행위를 하여서는 아니 된다.　　　　　▶ 입사 주사 60일
부기등기	① **대지**의 경우에는 **입주자 모집공고 승인신청과 동시** ② **주택**의 경우에는 **소유권 보존등기와 동시**
등기내용	부기등기일 이후에 양도·제한물권 설정·압류·가압류·가처분을 할 수 없다.
부기등기 이후 처분행위의 효력	무효(**2**년 이하의 징역 또는 **2**천만 원 이하의 벌금)
신탁사유	사업주체의 재무상황 및 금융거래상황이 극히 불량한 경우 분양보증을 하면서 주택건설대지를 주택도시보증공사에 신탁하게 할 경우에는 사업주체는 그 주택건설대지를 신탁할 수 있다.　　　　　　　▶ 주택건설대지를 신탁하여야 한다.[×]

■ **핵심 예상 문제 090**

90 주택법령상 사업주체는 사업의 대상이 된 주택 및 대지에 대하여는 '일정 기간' 동안 입주예정자의 동의 없이 저당권 설정 등을 할 수 없는바, 이에 관한 설명으로 옳은 것은?

① '일정 기간'이란, 입주자모집공고승인 신청일 이후부터 입주예정자가 소유권이전등기를 신청할 수 있는 날 이후 90일까지의 기간을 말한다.

② 위 ①에서 '소유권이전등기를 신청할 수 있는 날'이란 사업주체가 입주예정자에게 통보한 잔금지급일을 말한다.

③ 사업주체가 저당권 설정제한의 부기등기를 하는 경우, 주택건설대지에 대하여는 입주자모집공고승인 신청과 동시에, 건설된 주택에 대하여는 소유권보존등기와 동시에 하여야 한다.

④ 부기등기일 이후에 해당 대지·주택을 양수하거나 제한물권을 설정·압류·가압류·가처분 등의 목적물로 한 경우에는 효력을 취소한다.

⑤ 주택도시보증공사가 분양보증을 하면서 주택건설대지를 자신에게 신탁하게 할 경우 사업주체는 이를 신탁해야 한다.

01 투기과열지구 지정 및 해제★ ▶입주자로 선정된 주택[지위 포함]이 전매제한[○]

① 지정권자 : **국토교통부장관 또는 시·도지사**는 주택가격의 안정을 위하여 필요한 경우에는 주거정책 심의위원회의 심의를 거쳐 일정한 지역을 투기과열지구로 지정하거나 해제할 수 있다. 이 경우 투기과열지구는 그 지정 목적을 달성할 수 있는 최소한의 범위에서 시·군·구 또는 읍·면·동의 지역 단위로 지정하되, 택지개발지구등 해당 지역 여건을 고려하여 지정 단위를 조정할 수 있다.

> 1. 투기과열지구로 지정하는 날이 속하는 달의 바로 전달(이하 "투기과열지구지정직전월"이라 한다)부터 소급하여 주택공급이 있었던 **2개월 동안** 해당 지역에서 공급되는 주택의 월별 평균 **청약경쟁률**이 모두 **5대 1을 초과**하였거나 **국민주택규모 주택**의 월별 평균 **청약경쟁률**이 모두 **10대 1을 초과**한 곳
> 2. 다음의 어느 하나에 해당하여 주택공급이 위축될 우려가 있는 곳
>   ① 투기과열지구지정직전월의 주택분양실적이 **전달**보다 **30% 이상 감소**한 곳
>   ② 사업계획승인 건수나 건축법에 따른 건축허가 건수(투기과열지구지정직전월부터 소급하여 6개월간의 건수를 말한다)가 직전 **연도**보다 급격하게 **감소**한 곳
> 3. 신도시 개발이나 주택의 전매행위 성행 등으로 투기 및 주거불안의 우려가 있는 곳으로서 다음의 어느 하나에 해당하는 곳
>   ① 해당 지역이 속하는 시·도별 **주택보급률이 전국 평균 이하**인 경우
>   ② 해당 지역이 속하는 시·도별 **자가주택비율이 전국 평균 이하**인 경우
>   ③ 해당 지역의 분양주택(투기과열지구로 지정하는 날이 속하는 연도의 직전 연도에 분양된 주택을 말한다)의 수가 입주자저축에 가입한 사람으로서 국토교통부령으로 정하는 사람의 수보다 현저히 적은 곳

② 의견청취·협의 : **국토교통부장관**이 투기과열지구를 지정하거나 해제할 경우에는 미리 **시·도지사의 의견**을 듣고 그 의견에 대한 검토의견을 회신하여야 하며, **시·도지사**가 지정하거나 해제할 경우 **국토교통부장관과 협의**하여야 한다.

③ 재검토 : 국토교통부장관은 **반기마다** 투기과열지구 지정의 유지 여부를 **재검토**하여야 한다.

④ 심의 : 시·도지사, 시장, 군수 또는 구청장 ⇨ 주택가격이 안정되는 등 지정 사유가 없어졌다고 인정 ⇨ 국토교통부장관 또는 시·도지사에게 투기과열지구 지정의 해제를 요청 ⇨ **40일 이내**에 주거정책심의위원회 심의를 거쳐 ⇨ **해제 여부**를 **결정**하여 ⇨ 심의결과 **통보**하여야 한다.

⑤ 투기과열지구에서 건설·공급되는 주택 : 전매행위 제한기간은 해당 주택의 **입주자로 선정된 날부터** [최초로 주택공급계약 체결이 가능한 날×]부터 해당 주택에 대한 **소유권이전등기일**까지의 기간. 이 경우 그 기간이 5년을 초과하는 때에는 전매제한기간은 **5년**으로 한다.

91 **주택법령상 투기과열지구에 관한 설명으로 옳은 것은?**

① 시장·군수 또는 구청장는 주택가격의 안정을 위하여 필요한 경우 일정 지역을 주거정책 심의위원회의 심의를 거쳐 투기과열지구로 지정할 수 있다.

② 투기과열지구에서 건설·공급되는 주택의 전매제한기간은 입주자 모집을 하여 입주자로 선정된 날부터 3년으로 한다.

③ 시·도지사가 투기과열지구를 지정하거나 이를 해제할 경우에는 국토교통부장관과 협의를 하여야 한다.

④ 투기과열지구지정직전월의 주택분양실적이 전달보다 30% 이상 증가한 곳은 투기과열지구로 지정할 수 있다.

⑤ 국토교통부장관은 1년마다 주거정책심의위원회의 회의를 소집하여 투기과열지구로 지정된 지역별로 투기과열지구 지정의 유지 여부를 재검토하여야 한다.

⑥ 국토교통부장관은 시·도별 주택보급률 또는 자가주택비율이 전국 평균을 초과하는 지역을 투기과열지구로 지정할 수 있다.

⑦ 투기과열지구의 지정기간은 3년으로 하되, 당해 지역 시장·군수·구청장의 의견을 들어 연장할 수 있다.

⑧ 주택공급이 있었던 직전 2개월간 해당 지역에서 공급되는 주택의 청약경쟁률이 5대 1을 초과하였거나 국민주택규모 이하 주택의 청약경쟁률이 20대 1을 초과한 곳은 투기과열지구의 지정기준이다.

---

02 전매제한 대상

사업주체가 건설·공급하는 주택[해당 주택의 입주자로 선정된 지위(입주자로 선정되어 그 주택에 입주할 수 있는 권리·자격·지위 등을 말한다)를 포함한다]으로서 다음에 해당하는 경우에는 **10년 이내의 범위에서** 대통령령이 정하는 기간이 지나기 전에는 그 주택 또는 지위를 전매하거나 이의 전매(매매·증여 그 밖의 권리의 변동을 수반하는 일체의 행위를 포함, **상속은 제외**)를 알선할 수 없다.

1. 투기과열지구에서 건설·공급되는 주택
2. 조정대상지역에서 건설·공급되는 주택
3. 분양가상한제 적용주택
4. 공공택지 외의 택지에서 건설·공급되는 주택
5. 도시 및 주거환경정비법에 따른 공공재개발사업에서 건설·공급하는 주택

03 **전매행위예외 인정**★★   ▶ 세대원 일부[×]

전매제한 특례 : 사업주체의 **동의 받아 전매**할 수 있다. ⇨ 다만, 주택을 공급받은 자가 전매하는 경우에는 한국토지주택공사가 그 주택을 우선 매입할 수 있다.

① 세대원이 **근무** 또는 **생업상**의 사정이나 **질병치료·취학·결혼**으로 인하여 세대원 **전원**이 다른 광역시, 특별자치시, 특별자치도, 시 또는 군(광역시의 군을 제외)으로 이전하는 경우로 이전하는 경우 다만, **수도권 안에서 이전**하는 경우를 **제외**한다.

② **상속**에 의하여 취득한 주택으로 **세대원 전원**이 이전하는 경우

③ **세대원 전원**이 해외로 **이주**하거나 **2년** 이상의 기간 동안 해외에 체류하고자 하는 경우

④ **이혼**으로 인하여 입주자로 선정된 지위 또는 주택을 그 배우자에게 이전하는 경우

⑤ **이주대책용 주택을 공급받은 경우**로서 시장·군수 또는 구청장이 확인하는 경우

⑥ 국가·지방자치단체에 대한 채무를 이행하지 못하여 **경매·공매가 시행**되는 경우

⑦ 입주자로 선정된 지위 또는 주택의 **일부**를 그 **배우자**에게 **증여**하는 경우

⑧ 실직·파산 또는 신용불량으로 **경제적 어려움이 발생한 경우**

✔ 사업주체가 분양가상한제 적용주택 또는 수도권의 지역으로서 공공택지 외의 택지에서 건설·공급되는 주택을 공급하는 경우에는 주택의 소유권을 **제3자에게 이전할 수 없음을 소유권에 관한 등기에 부기등기**하여야 한다.

✔ 전매행위 제한을 위반하여 전매가 이루어진 경우 사업주체가 **매입비용**[전매대금×]을 지급한 날 그 입주자로 선정된 지위를 취득한 것으로 본다.

✔ 위반한 자에 대하여 10년 이내의 범위에서 주택의 입주자 자격을 제한할 수 있다.

■ 핵심 예상 문제 092

92 세대주인 甲이 취득한 주택은 주택법령에 따른 전매제한 기간 중에 있다. 다음 중 甲이 이 주택을 전매할 수 있는 경우는?

① 세대원인 甲의 아들의 결혼으로 甲의 세대원 전원이 서울특별시로 이전하는 경우

② 甲의 실직·파산 또는 신용불량으로 경제적 어려움이 발생한 경우

③ 甲은 상속에 의하여 취득한 주택으로 이전하면서, 甲을 제외한 나머지 세대원은 다른 새로운 주택으로 이전하는 경우

④ 甲의 세대원 전원이 1년 6개월간 해외에 체류하려는 경우

⑤ 세대원인 甲의 가족은 국내에 체류하고, 甲은 해외로 이주하는 경우

⑥ 甲이 이 주택의 전부를 배우자에게 증여하는 경우

⑦ 분양가상한제 적용주택의 소유자 甲이 금융기관에 대한 채무를 이행하지 못하여 사업주체의 동의없이 경매 또는 공매가 시행되는 경우

CHAPTER 04 도시개발법

도시개발법 6개 중 4개 이상은 해결한다. 2개 정도는 틀려도 된다.

■ THEME ■ **27 개발계획(A+)** [제14,15,19,21,22,25,26,28,33회]

01 수립권자 = 지정권자

도시개발구역 지정권자(국토교통부장관, 시·도지사, 대도시 시장)

02 수립시기★★ ▶ 주거·상업·공업지역의 면적 40% 이하(×)

① 원칙: 선 개발계획을 수립 ⇨ 후 개발구역을 지정
② 예외: **선 개발구역 지정** ⇨ **후 개발계획을 수립**[투기차단(기습발표) ⇨ 보전녹지지역(×)]

   ㉠ **자연**녹지지역, **생산**녹지지역(도시개발구역 지정면적의 30% 이하)

   ㉡ **도시지역 외의 지역**[(보전, 생산, 계획)관리지역, 농림지역, 자연환경보전지역]

   ㉢ 국토교통부장관이 **지역균형발전**을 위하여 중앙행정기관의 장과 협의(자연환경보전지역은 제외)

   ㉣ 주거·상업·공업지역의 면적 ⇨ 전체 면적의 **30%** 이하

   ㉤ 개발계획안 **공모시** [국가균형발전이 지역균형발전으로 개정됨]

■ **핵심 예상 문제 093**

93 도시개발법령상 도시개발구역을 지정한 후에 개발계획을 수립할 수 있는 경우가 아닌 것은?

   ① 개발계획을 공모하는 경우

   ② 생산녹지지역(개발구역면적의 100분의 30 이하인 경우)에 도시개발구역을 지정할 때

   ③ 도시지역 외의 지역에 도시개발구역을 지정할 때

   ④ 국토교통부장관이 지역균형발전을 위하여 관계 중앙행정기관의 장과 협의하여 상업지역에 도시개발구역을 지정할 때

   ⑤ 해당 도시개발구역에 포함되는 주거지역이 전체 도시개발구역 지정 면적의 100분의 40인 지역을 도시개발구역으로 지정할 때

---

96 최성진의 공법사랑[daum, cafe, naver band, youtube]

03 **개발계획 내용**★

① 공사현장 : 개발구역의 명칭·위치·면적／지정목적 및 기간／시행자／시행방식
② 도시문제 : **지구단위계획×**／인구수용계획／토지이용계획／교통처리계획／환경보전계획／재원조달
계획／보건의료시설／기반시설의 설치계획
③ 세부항목 : 도시개발구역을 지정한 후에 개발계획에 포함시킬 수 있다.   ▶**세단비용 세부목록**
  • 임대주택(「민간임대주택에 관한 특별법」에 따른 민간임대주택 및 「공공주택 특별법」에 따른 공
    공임대주택을 말한다. 이하 같다)건설계획 등 **세**입자 등의 주거 및 생활안정대책
  • 순환개발 등 **단**계적 사업추진이 필요한 경우 사업추진계획 등에 관한 사항
  • 도시개발구역 밖의 지역에 기반시설을 설치하여야 하는 경우에는 그 시설의 설치에 필요한 **비용**
    의 부담계획
  • 수용 또는 사용의 대상이 되는 토지·건축물 또는 토지에 정착한 물건과 이에 관한 소유권 외의
    권리, 광업권, 어업권, 양식업권, 물의 사용에 관한 권리가 있는 경우 그 **세부목록**

■ **핵심 예상 문제 094**

94 도시개발법령상 도시개발구역을 지정한 후에 개발계획에 포함시킬 수 있는 사항이다. 틀린 것은?
  ① 임대주택(「민간임대주택에 관한 특별법」에 따른 민간임대주택 및 「공공주택 특별법」에
     따른 공공임대주택을 말한다. 이하 같다)건설계획 등 세입자 등의 주거 및 생활 안정 대책
  ② 순환개발 등 단계적 사업추진이 필요한 경우 사업추진 계획 등에 관한 사항
  ③ 도시개발구역 밖의 지역에 기반시설을 설치하여야 하는 경우 그 시설의 설치에 필요한
     비용의 부담계획
  ④ 수용·사용의 대상이 되는 토지·건축물, 광업권, 어업권, 양식업권, 물의 사용에 관한 권
     리가 있는 경우에는 그 세부목록
  ⑤ 도시개발구역을 둘 이상의 사업시행지구로 분할하거나 서로 떨어진 둘 이상의 지역을 하나
     의 구역으로 결합하여 도시개발사업을 시행하는 경우에는 그 분할이나 결합에 관한 사항

04 **환지동의**★   ▶ 또는 [×]

면적 2/3 이상 토지소유자**와** 토지소유자 **총수 1/2 이상** 동의 ⇨ (**국가·지방자치단체** ⇨ **동의×**) ⇨ [너비
가 12m 미만인 도로를 신설 또는 폐지, 도시개발구역의 명칭 변경, 시행자의 변경, 문화재보호계획, 수
용예정인구가 종전보다 100분의 10 미만 증감하는 경우(변경 이후 수용예정인구가 3천명 미만), 보건의
료시설면적 및 복지시설면적의 100분의 10 미만의 변경, 기반시설을 제외한 도시개발구역의 용적률이
종전보다 100분의 5 미만 증가하는 경우 등 경미한 사항의 변경은 동의를 받지 아니한다]

05 동의자수 산정* 면적 2/3 + 총수 1/2   ▶ 변경된 수[×]

① 토지면적을 산정하는 경우 : **국공유지**를 **포함**

② 공유는 대표 공유자 **1**명만을 토지 소유자. 다만, **구분소유자**는 **각각을 1명**으로 본다.

③ 1인이 둘 이상 필지의 토지를 단독으로 소유한 경우 : 필지의 수에 관계없이 토지 소유자를 1인으로 볼 것

④ 둘 이상 필지의 토지를 소유한 공유자가 동일한 경우 : 공유자 여럿을 대표하는 1인을 토지 소유자로 볼 것

⑤ **철회**한 자 : 그 사람은 동의자 수에서 **제외**할 것 ***주의!** 한번 철회는 영원한 철회

⑥ 동의 순서 : (국공유지를 제외한)**사유**토지 ⇨ 국공유지 **관리청**의 동의   **암기** 사관

⑦ 어떠한 기준시점 이후 토지소유자가 **변경(증가)된 경우** : **변경 전**(기존, 이전) 동의서 기준

   ✔ 구역지정을 위한 주민의 의견청취하기 위한 공람·공고일 후에 집합건물의 소유 및 관리에 관한 법률에 따른 구분소유권을 분할하게 되어 **토지 소유자의 수가 증가하게 된 경우** : 공람·공고일 전의 토지 소유자의 수를 기준으로 산정하고, 증가된 토지 소유자의 수는 토지 소유자 총수에 추가 산입하지 말 것

   ✔ 도시개발구역의 지정이 제안된 후부터 개발계획이 수립되기 전까지의 사이에 **토지 소유자가 변경된 경우** 또는 개발계획의 변경을 요청 받은 후부터 개발계획이 변경되기 전까지의 사이에 **토지 소유자가 변경된 경우** : **기존** 토지 소유자의 동의서를 기준으로 할 것

■ **핵심 예상 문제 095**

95 개발계획을 수립하는 때에는 환지방식이 적용되는 지역의 토지면적의 2/3 이상에 해당하는 토지소유자와 토지소유자 총수의 1/2 이상의 동의를 받아야 한다. 이 경우 동의자 수 산정방법으로 옳은 것은?

① 둘 이상 필지의 토지를 소유한 공유자가 동일한 경우에는 공유자 각각을 토지 소유자로 본다.

② 도시개발구역의 토지면적을 산정하는 경우 국공유지는 제외한다.

③ 국공유지를 제외한 전체 사유 토지면적 및 토지 소유자에 대하여 동의 요건 이상으로 동의를 받은 후에 그 토지면적 및 토지 소유자의 수가 법적 동의 요건에 미달하게 된 경우에는 국공유지 관리청의 동의를 받아야 한다.

④ 개발계획 변경시 계발계획의 변경을 요청받기 전에 동의를 철회하는 사람이 있는 경우 그 사람은 동의자 수에 포함한다.

⑤ 개발구역의 지정이 제안된 후부터 개발계획이 수립되기 전까지의 사이에 토지소유자가 변경된 경우 변경된 토지소유자의 동의서를 기준으로 한다.

---

01 도시개발사업 관련면적★★

① 1만m² 이상 : 주거지역·상업지역·생산녹지지역·자연녹지지역(보전녹지지역은 개발사업×)

② 3만m² 이상 : 공업지역 ▶ 결합개발, 분할개발[각각 1만m² 이상]가능

③ 10만m² 미만 : 도시개발구역의 면적이 **10만m²** 미만인 경우에는 **일간신문에 공고하지 아니하고** 공보와 해당 시·군 또는 구의 인터넷 홈페이지에 공고할 수 있다.

④ 30만m² 이상 : 도시 외(관리지역, 농림지역, 자연환경보전지역) ⇨ 예외적으로 10만m² 이상도 가능

⑤ 30만m² 이상 : 공공기관이나 정부출연기관의 장이 국장에게 제안시(국가계획과 밀접한 관련)

⑥ 100만m² 이상 : **공람기간 끝난 후에 공청회를 개최하여야 한다. (국장과 협의는 50만m² 이상)**

⑦ 330만m² 이상 : 상호기능의 조화를 이루는 도시(복합도시)

■ 핵심 예상 문제 096

96 도시개발법령상 도시개발구역으로 지정할 수 있는 대상 지역 및 규모에 관하여 (   )에 들어갈 숫자를 바르게 나열한 것은?

> • 주거지역 및 상업지역 : (㉠)만 제곱미터 이상
>
> • 공업지역 : (㉡)만 제곱미터 이상
>
> • 자연녹지지역 : (㉢)만 제곱미터 이상
>
> • 도시개발구역 지정면적의 100분의 30 이하인 생산녹지지역 : (㉣)만 제곱미터 이상

① ㉠ : 1, ㉡ : 1, ㉢ : 1, ㉣ : 3

② ㉠ : 1, ㉡ : 3, ㉢ : 1, ㉣ : 1

③ ㉠ : 1, ㉡ : 3, ㉢ : 3, ㉣ : 1

④ ㉠ : 3, ㉡ : 1, ㉢ : 3, ㉣ : 3

⑤ ㉠ : 3, ㉡ : 3, ㉢ : 1, ㉣ : 1

02 도시개발구역의 지정권자★ ▶ 2 이상의 시·도에 걸치면 국장[×]

① 원칙 : 특별시장·광역시장·도지사·특별자치도지사(= 시·도지사), 대도시 시장 ⇨ 시장·군수(×)

㉠ 면적이 50만 m² 이상, 개발계획이 국가계획과 밀접한 관련 ⇨ 국토교통부장관 협의

㉡ 2 이상의 시·도 또는 대도시에 걸친 경우 ⇨ **시·도지사 또는 대도시 시장이 협의하여 지정할 자를 정한다.**

② 예외 : 국토교통부장관 ⇨ 국가, 중앙, 정부. 협의가 안되면, 천재지변
  ㉠ **국가**가 도시개발사업을 실시할 필요가 있는 경우
  ㉡ **중앙**행정기관의 장(장관)이 요청하는 경우 ⇨ 시장·군수(×)
  ㉢ 공공기관의 장 또는 **정부**출연기관의 장이 30만㎡ 이상으로 **국가계획**과 밀접한 관련이 있는 개발 구역의 지정을 제안하는 경우 ⇨ 지방공사(×)
  ㉣ 시·도지사와 대도시 시장의 **협의가 성립되지 아니하는 경우**
  ㉤ **천재지변** 그 밖에의 사유로 인하여 도시개발사업을 긴급하게 할 필요가 있는 경우

97 도시개발법상 국토교통부장관이 도시개발구역을 지정할 수 있는 사유로 옳은 것은?
  ① 시장 또는 군수가 요청하는 경우
  ② 지방공사의 장이 30만㎡ 이상으로 국가계획과 밀접한 관련이 있는 도시개발구역의 지정을 제안하는 경우
  ③ 정부출연기관의 장이 30만㎡ 이상으로 도시개발구역의 지정을 제안하는 경우
  ④ 도시개발사업이 필요하다고 인정되는 지역이 2 이상의 시·도의 행정구역에 걸치는 경우
  ⑤ 한국토지주택공사 사장이 10만 제곱미터의 규모로 국가계획과 밀접한 관련이 있는 도시개발구역의 지정을 제안하는 경우

---

03 도시개발구역의 지정제안   ▸ 공법상 제안시 동의는 모두 2/3 이상 동의, 기반시설만 4/5

① 국가·지방자치단체·**조합을 제외**한 시행자가 될 수 있는 자 ⇨ 지정제안 ⇨ 민간시행자(조합 제외) ⇨ 면적의 **2/3 이상 동의** ⇨ 반영 여부 통보 ⇨ 1개월 + 1개월 범위에서 연장할 수 있다.
② 비용부담 ⇨ 비용의 전부 또는 일부를 제안자에게 부담시킬 수 있다.

04 도시개발구역의 지정요청

시장(대도시 시장 제외)·군수·구청장은 시·군·구도시계획위원회에 자문을 한 후 시·도지사에게 도시개발구역의 지정을 요청할 수 있다.

05 도시개발구역의 지정효과   ▸ 취락지구는 도시지역으로 본다.[×]

도시지역과 지구단위계획구역 결정·고시된 것으로 본다. 다만, 도시지역 외의 지구단위계획구역 및 **취락지구는 도시지역과 지구단위계획구역으로 결정·고시된 것으로 보지 아니한다**.

06 도시개발구역에서 개발행위허가★★
▸ 경작지에서의 임시식재를 허가[○]

① 특별시장·광역시장·특별자치도지사·시장·군수의 개발행위허가 : 건축물[가설건축물]의 건축 (대수선 또는 용도변경 포함) ⇨ 공작물의 설치 ⇨ 토지의 형질변경 ⇨ 토석채취 ⇨ 토지분할[토지의 합병x] ⇨ 쌓고[1개월 이상 적치] ⇨ 심고[죽목의 벌채 및 식재] ⇨ 위반시(3/3)

② 허용사항 : 다음의 행위는 허가를 받지 아니하고 이를 할 수 있다.

> 1. **재해복구** 또는 재난수습에 필요한 응급조치를 위하여 하는 행위
> 2. **농림**수산물의 생산에 직접 이용되는 간이공작물(비닐하우스, 건조장, 버섯재배사, 종묘배양장, 탈곡장등)의 설치
> 3. **경작**을 위한 토지의 형질변경
> 4. 개발에 **지장을 주지 아니하고** 자연경관을 손상하지 아니하는 토석의 채취
> 5. 도시개발구역에 **남겨두기**로 결정된 대지 안에서 물건을 쌓아놓는 행위
> 6. 관상용 죽목의 **임시식재**(**경작지**에서의 임시식재를 **허가**는 받아야 한다.)

③ 의견청취 : 개발행위허가를 하려는 경우에 시행자가 있으면 시행자의 의견을 들어야 한다.

④ 개발행위 허가를 받은 자는 국토계획법상 개발행위허가를 받은 것으로 본다.

⑤ 기득권 보호 : 30일 이내에 신고한 후 계속 시행할 수 있다.

■ 핵심 예상 문제 098

98 **도시개발법령상 도시개발구역에서 허가를 받아야 하는 행위는?**

① 농림수산물의 생산에 직접 이용되는 비닐하우스 설치

② 경작을 위한 토지의 형질변경

③ 도시개발구역의 개발에 지장을 주지 아니하고 자연경관을 손상하지 아니하는 범위에서의 토석의 채취

④ 경작지에서의 관상용 죽목의 임시식재

⑤ 도시개발구역에 남겨두기로 결정된 대지에서 물건을 쌓아 놓는 행위

07 **도시개발구역 법정해제간주사유(다음 날)**

목적달성에 따른 해제의제(다음 날 해제)
1. 수용·사용방식 ⇨ 공사완료공고일 **다음 날**, 환지방식 ⇨ 환지처분공고일 **다음 날**
2. 도시지역과 지구단위계획구역으로 존속, 유지
▶ 공사완료로 해제 : 환원 폐지된 것으로 보지 아니한다.

목적달성이 안 된 경우의 해제의제
1. 실시계획 인가를 신청× ⇨ 3년이 되는 날의 다음 날 ⇨ 환원, 폐지의제
2. [선]개발구역지정 후 [후]개발계획 수립시에는 2년 이내 개발계획 미수립시 2년이 되는 날 다음 날 ⇨ 개발계획 수립 후 3년 이내 실시계획 미인가 신청시 3년이 되는 날 다음 날 ⇨ 330만㎡ 이상인 경우 5년이 되는 날 다음 날 해제
종전 용도지역 및 지구단위계획구역으로 각각 환원되거나 폐지된 것으로 본다.

■ 핵심 예상 문제 099

99 도시개발법령상 도시개발구역지정의 해제에 관한 사항 중 옳은 것은?

① 도시개발사업의 공사완료 공고일에 해제된 것으로 본다.

② 환지방식에 의한 사업인 경우에는 그 환지처분의 공고일에 해제된 것으로 본다.

③ 도시개발구역이 지정·고시된 날부터 2년이 되는 날까지 실시계획의 인가를 신청하지 아니하는 경우에는 그 2년이 되는 날의 다음 날에 해제된 것으로 본다.

④ 도시개발구역을 지정·고시한 날부터 2년이 되는 날까지 개발계획을 수립·고시하지 아니하는 경우에는 도시개발구역의 지정이 해제된 것으로 본다.

⑤ 도시개발사업의 공사완료로 도시개발구역의 지정이 해제의제된 경우에는 도시개발구역의 용도지역은 해당 도시개발구역 지정 전의 용도지역으로 환원된 것으로 보지 아니한다.

08 **도시개발사업 시행자**★ **[제16,25,27,29회]**

① 시행자 지정 : 도시개발사업의 시행자는 지정권자가 지정한다. 다만, 도시개발구역의 전부를 환지방식으로 시행하는 경우에는 **토지소유자 또는 조합**을 시행자로 지정한다.

② 시행자 변경사유

1. 도시개발구역의 전부를 환지방식으로 시행하는 경우 시행자로 지정된 자(토지소유자 또는 조합)가 도시개발구역 지정의 고시일로부터 **1년**(다만, 6개월의 범위에서 연장한 경우에는 그 연장된 기간) 이내에 개발사업에 관한 실시계획의 인가를 신청하지 아니하는 경우
2. 실시계획의 인가를 받은 후 **2년 이내에 사업을 착수하지 아니하는 경우**
3. 시행자의 부도·파산 등으로 도시개발사업의 목적을 달성하기 어렵다고 인정되는 경우
4. 행정처분에 따라 시행자의 지정 또는 실시계획의 인가가 취소된 경우

09 도시개발사업의 대행★ [제28,29,30회]

공공사업시행자(**국가나 지방자치단체, 공공기관, 정부출연기관, 지방공사**)는 실시설계·부지조성공사·기반시설공사·조성토지 등의 분양 등 도시개발사업의 일부를 주택법에 따른 주택건설사업자 등으로 하여금 대행하게 할 수 있다.

■ 핵심 예상 문제 100

100 도시개발법령상 도시개발사업 시행자에 대한 설명으로 틀린 것은?

① 도시개발구역의 전부를 환지방식으로 시행하는 경우에는 토지소유자 또는 조합을 시행자로 지정한다.

② 지방공사는 도시개발사업을 효율적으로 시행하기 위하여 필요한 경우에는 실시설계, 부지조성공사, 기반시설공사, 조성된 토지의 분양을 주택법에 따른 주택건설사업자 등으로 하여금 대행하게 할 수 있다.

③ 시행자가 실시계획의 인가를 받은 후 2년 이내에 사업을 착수하지 아니한 경우에는 시행자를 변경할 수 있다.

④ 전부를 환지방식으로 시행하는 시행자가 개발구역 지정의 고시일로부터 6개월 이내에 실시계획의 인가를 신청하지 아니한 경우에는 시행자를 변경할 수 있다.

⑤ 조합이 한 처분에 불복하는 자는 지정권자에게 행정심판을 제기하여야 한다.

01 조합설립
▶ 주된 사무소의 소재지 변경은 인가(×)

토지소유자 7명 이상이 정관을 작성하여 지정권자의 인가, 변경도 인가. 단, **주된** 사무소의 소재지 변경, 공고방법 변경은 **신고**하여야 한다. 토지**면적의 2/3 이상**의 토지소유자**와** 그 구역의 토지소유자 **총수의 1/2 이상**의 동의를 받아야 한다.
▶ 또는(×)

02 법적성격
▶ 지정권자의 인가를 받으면 성립한다.(×)

① 공법상 사단법인 : 조합에 관하여 이 법에 규정한 것을 제외하고는 민법 중 사단법인에 관한 규정 준용
② 도시개발조합의 설립등기 : 인가 후 **30일** 이내에 **등기하여야 성립**한다.

03 조합원★★
▶ 토지면적에 비례한 의결권(×)

조합의 조합원은 도시개발구역 안의 **토지소유자**로 한다. ⇨ 조합설립에 동의를 하지 않아도 **당연 조합원** ⇨ **토지면적에 관계없는 평등한 의결권** ⇨ 조합설립에 동의한 자는 조합설립**인가 신청 전에 철회**할 수 있다[조합설립인가 신청 후에 철회할 수 없다].

04 조합임원★★
▶ 미성년자는 조합원이 될 수 없다.(×)

① 임원 : 조합장 1인, 이사, 감사를 둔다(조합임원 **겸직금지**).
② **조합장** 또는 **이사**의 자기를 위한 조합과의 계약이나 소송은 **감사**가 조합을 대표한다.
③ 임원 결격사유 : 제한능력자 ⇨ 파산자 ⇨ 금고 이상의 형을 선고받고 2년이 지나지 아니한 자 ⇨ 집행유예기간 중에 있는 자
④ 임원의 결격사유에 해당 ⇨ **다음 날**부터 임원의 자격을 **상실**한다.
▶ 당연 퇴임한다.(×)

05 대의원회★★
▶ 도시개발법은 추진위원회, 주민대표회의는 없다.

① 의결권을 가진 조합원의 수가 **50인** 이상인 조합은 **대의원회를 둘 수 있다**.
② 대의원 수 : 의결권을 가진 조합원 총수의 100분의 10 이상으로 한다.
③ 대의원회는 총회의 권한을 대행할 수 있다.
④ 대의원회의 총회권한 대행 불가능 사유(총회만 행사)
▶ 정개조조환지

> 1. **정**관변경
> 2. **개**발계획의 수립·변경(개발계획의 경미한 변경 및 실시계획의 수립·변경은 제외)
> 3. **조**합임원(조합장, 이사, 감사)의 선임
> 4. **조**합의 합병 또는 해산
> 5. **환지**계획의 작성(환지예정지×)

101 도시개발법령상 도시개발조합에 관한 설명이다. 옳은 것을 모두 고르시오.

> ㉠ 의결권을 가진 조합원의 수가 100인 이상인 조합은 총회의 권한을 대행하는 대의원회를 두어야 한다.
>
> ㉡ 조합설립인가를 신청하는 때에는 도시개발구역 안의 토지면적의 2/3 이상 소유자 또는 토지소유자 총수의 1/2 이상의 동의를 얻어야 한다.
>
> ㉢ 조합원은 보유토지면적에 비례하여 의결권을 갖는다.
>
> ㉣ 조합설립인가를 받은 후 정관기재사항인 주된 사무소의 소재지를 변경하려는 경우에는 변경신고를 하여야 한다.
>
> ㉤ 조합의 이사는 도시개발구역의 토지소유자이어야 한다.
>
> ㉥ 조합 설립인가에 동의한 자로부터 토지를 취득한 자는 조합설립의 인가 신청 전에도 동의를 철회할 수 없다.
>
> ㉦ 이사의 자기를 위한 조합과의 계약이나 소송에 관하여는 조합장이 조합을 대표한다.
>
> ㉧ 토지소유자는 조합설립에 동의를 하지 않았더라도 조합이 설립되면 당연 조합원이 된다.

① ㉠, ㉥, ㉧   ② ㉡, ㉤, ㉥
③ ㉢, ㉤, ㉦   ④ ㉣, ㉤, ㉧
⑤ ㉠, ㉢, ㉣, ㉦

102 도시개발법령상 도시개발조합 총회의 의결사항 중 대의원회가 총회의 권한을 대행할 수 있는 사항은?

① 정관의 변경
② 개발계획의 수립
③ 조합장의 선임
④ 실시계획의 수립
⑤ 조합의 합병에 관한 사항

06 실시계획★ [제14,23,25,29,31회]

① 실시계획의 작성 : 시행자는 도시개발사업에 관한 실시계획(설계도서, 자금계획, 시행기간)을 작성하여야 한다. 실시계획에는 지구단위계획이 포함되어야 한다. ⇨ 개발계획에 부합 : 실시계획은 개발계획에 부합하게 작성하여야 한다.

② 실시계획 ⇨ 지정권자의 인가

　　㉠ 국토교통부장관인 지정권자는 시·도지사 또는 대도시 시장의 의견을 미리 들어야 한다.

　　㉡ 시·도지사인 지정권자는 시장(대도시 시장 제외)·군수·구청장의 의견을 미리 들어야 한다.

　　㉢ 경미한 변경 : 사업시행면적의 100분의 10의 범위에서의 면적의 감소, 사업비의 100분의 10의 범위에서의 사업비의 증감은 실시계획의 변경에 관하여 변경인가를 받지 아니한다.

③ 실시계획 고시의 효과 : 실시계획을 고시한 경우 도시·군관리계획(지구단위계획을 포함)으로 결정하여야 하는 사항은 도시·군관리계획이 결정·고시된 것으로 본다. 이 경우 종전에 도시·군관리계획으로 결정된 사항 중 고시내용에 저촉되는 사항은 고시된 내용으로 변경된 것으로 본다.

④ 의견제출 : 지정권자는 실시계획을 작성하거나 인가할 때 그 내용에 관련인·허가 등의 의제에 해당하는 사항이 있으면 미리 관계 행정기관의 장과 협의하여야 한다. 이 경우 관계 행정기관의 장은 협의 요청을 받은 날부터 20일 이내에 의견을 제출하여야 하며, 그 기간 내에 의견을 제출하지 아니하면 협의한 것으로 본다.

■ 핵심 예상 문제 103

103 도시개발법상 도시개발사업시행 중 실시계획에 관한 내용이다. 틀린 것은?

① 시행자가 수립하는 실시계획은 개발계획에 맞게 작성하여야 하고, 지구단위계획을 포함하여야 한다.

② 실시계획 인가신청서를 제출하는 때에는 계획평면도 및 개략설계도, 위치도 등을 첨부하여야 한다.

③ 지정권자인 국토교통부장관이 실시계획을 작성하는 경우 시장·군수 또는 구청장의 의견을 미리 들어야 한다.

④ 실시계획을 고시한 경우 그 고시된 내용 중 국토의 계획 및 이용에 관한 법률에 따라 도시·군관리계획(지구단위계획을 포함)으로 결정하여야 하는 사항은 도시·군관리계획이 결정·고시된 것으로 본다. 이 경우 종전에 도시·군관리계획으로 결정된 사항 중 고시내용에 저촉되는 사항은 고시된 내용으로 변경된 것으로 본다.

⑤ 인가를 받은 실시계획 중 사업시행면적의 100분의 10이 감소된 경우 지정권자의 변경인가를 받을 필요가 없다.

01 수용사용 방식★★　　　　　　　　　▶수용·사용방식 ⇨ 수집,　▶환지방식 ⇨ 안 수집

① 수용권자 : 시행자는 도시개발사업에 필요한 토지 등을 수용 또는 사용할 수 있다.

② 토지수용 등에 대한 동의 : **민간부문 시행자**(조합은 제외)는 토지면적의 2/3 이상의 토지를 **소유**하고 토지소유자 **총수의 1/2 이상의 동의** (지방자치단체×, 지방공사×, 공공기관×)

③ 이 법에 특별한 규정이 있는 경우를 제외하고는 공·취·법을 준용한다.

④ 세부목록 **고시** ⇨ **사업인정 및 고시의제** ⇨ 재결신청 : 시행기간 종료일까지

■ 핵심 예상 문제 104

104 도시개발법령상 수용 또는 사용방식에 따른 사업시행에 관한 설명이다. 옳은 것은?

① 시행자가 아닌 지정권자는 도시개발사업에 필요한 토지 등을 수용할 수 있다.

② 한국토지주택공사인 시행자는 사업대상 토지면적의 2/3 이상에 해당하는 토지를 소유하고 토지소유자 총수의 1/2 이상에 해당하는 자의 동의를 받은 경우에 한해 시행자에게 수용권이 인정된다.

③ 도시개발사업을 위한 토지의 수용에 관하여 특별한 규정이 없으면 도시 및 주거환경정비법에 따른다.

④ 도시개발사업 실시계획을 인가·고시한 때에는 공익사업을 위한 토지 등의 취득 및 보상에 관한 법률에 따른 사업인정 및 그 고시가 있었던 것으로 본다.

⑤ 재결신청은 개발계획에서 정한 도시개발사업의 시행기간 종료일까지 행하여야 한다.

02 토지상환채권　　　　　　　　　▶1/3[×], 국가도 발행가능[O], 양도 불가능[×]

① 발행 : 시행자는 토지소유자가 **원**하는 경우 ⇨ 매수대금의 **일부**를 지급 ⇨ 토지·건축물로 상환하는 채권을 발행 ⇨ 분양 토지 또는 건축물 면적의 **1/2을 초과**하지 아니하도록 하여야 한다.

② 지급보증 : **민간부문 시행자**(조합 포함)가 토지상환채권을 발행하는 경우 ⇨ 지급**보증**

③ 발행방법 : **기명**으로 발행 ⇨ **양도 가능** ⇨ **이율** : **발행자**가 정한다. ⇨ **지정권자의 승인**

④ 이전 : 취득자는 성명과 주소를 토지상환채권원부에 기재하여 줄 것을 요청하여야 한다.

⑤ 대항력 : 취득자의 성명과 주소가 토지상환채권에 기재 ⇨ 발행자 및 제3자에게 대항

105 도시개발법령상 토지상환채권에 관한 설명으로 옳은 것은?

① 토지상환채권은 타인에게 이전하지 못한다.

② 토지상환채권은 기명식 또는 무기명식 증권으로 한다.

③ 토지상환채권의 이율은 발행 당시의 금융기관의 예금금리 및 부동산수급상황을 고려해서 기획재정부장관이 정한다.

④ 도시개발구역의 토지소유자인 시행자가 토지상환채권을 발행하는 때에는 은행법에 따른 금융기관 등의 지급보증을 받아야 한다.

⑤ 토지상환채권의 발행규모는 그 토지상환채권으로 상환할 토지 또는 건축물이 해당 도시개발사업으로 조성되는 분양토지 또는 분양건축물 면적의 3분의 2를 넘지 않아야 한다.

---

03 공급방법★

① 원칙 : 토지의 공급은 경쟁입찰의 방법에 따른다.

② 예외 : 다음은 **추첨의 방법**으로 분양할 수 있다. **(주택+공장 = 당구공~~)**

 − 330m² 이하의 **단독**주택용지

 − **국민주택규모**(85m²) 이하의 주택건설용지

 − **공공**택지

 − **공장**용지

 − 수의계약의 방법으로 조성토지를 공급하기로 하였으나 공급신청량이 지정권자에게 제출한 조성토지 등의 공급계획에서 계획된 면적을 초과하는 경우

③ 예외(수의계약) : 토지상환채권, 일반에게 분양할 수 없는 공공용지는 국가, 지방자치단체에게 수의계약방법으로 조성토지 등을 공급할 수 있다.

④ 시행자는 조성토지 등을 공급하려고 할 때에는 조성토지 등의 공급 계획을 작성하여야 하며, 지정권자가 아닌 시행자는 작성한 조성토지 등의 **공급 계획에 대하여 지정권자의 승인**을 받아야 한다.

106 도시개발법령상 수용 또는 사용방식에 따른 도시개발사업으로 조성된 토지 등을 수의계약의 방법으로 공급할 수 없는 경우는?

① 330m² 이하의 단독주택용지를 공급하는 경우

② 고시된 실시계획에 따라 존치하는 시설물의 유지관리에 필요한 최소한의 토지를 공급하는 경우

③ 토지상환채권에 따라 토지를 상환하는 경우

④ 토지의 규모 및 형상, 입지조건 등에 비추어 토지이용가치가 현저히 낮은 토지로서 인접 토지소유자 등에게 공급하는 것이 불가피하다고 시행자가 인정하는 경우

⑤ 공공청사용지 등 일반에게 분양할 수 없는 공공시설용지를 국가·지방자치단체 그 밖에 법령에 따라 해당 공공시설을 설치할 수 있는 자에게 공급하는 경우

---

04 수용사용 방식의 가격평가   ▶ 공시지가[×]

① 원칙 : 조성토지 등의 가격평가는 **감정가격**으로 한다.

② 예외(좋은 일) : 학교·폐기물처리시설, 공공청사, 사회복지시설(무료), 공장, **임대주택**, 200실 이상의 객실을 갖춘 호텔업 시설 등은 감정평가법인 등이 **감정평가한 가격 이하로 정할 수 있다**. 다만, **공공시행자에게 임대주택 건설용지를 공급하는 경우에는 해당 토지의 가격을 감정평가한 가격 이하로 정하여야 한다**.

05 원형지 공급대상★   ▶ 정부출연기관 [×], ▶ 1/2[×]

① 시행자는 도시를 자연친화적으로 개발하거나 복합적·입체적으로 개발하기 위하여 필요한 경우 미리 지정권자의 승인을 받아 국가 또는 지방자치단체, 공공기관, 지방공사, 공모에서 선정된 자, **학교나 공장** 등의 부지로 직접 사용하는 자에게 원형지를 공급하여 개발하게 할 수 있다. [원형지 ⇨ 개발구역에서 개발사업으로 조성되지 아니한 상태의 토지]

② 원형지는 도시개발구역 전체 토지면적의 **1/3** 이내로 한정한다. ⇨ **이행조건을 붙일 수 있다**.

06 원형지 매각제한   ▶ 국가 및 지방자치단체도 매각할 수 없다.[×]

원형지개발자(**국가 및 지방자치단체는 제외**)는 10년의 범위에서 원형지에 대한 공사완료 공고일부터 5년 또는 공급계약일부터 10년 기간 중 먼저 끝나는 기간 안에는 매각할 수 없다.

07 원형지 공급계약 해제

시행자는 다음의 경우에 원형지 개발자에게 2회 이상 시정을 요구하여야 하고, 원형지 개발자가 시정하지 아니한 경우에는 원형지 공급계약을 해제할 수 있다.

① 제3자에게 매각 : 공급받은 토지를 시행자 동의 없이 제3자에게 매각하는 경우
② 미착수 : 세부 계획에서 정한 착수기한 안에 공사에 착수하지 아니하는 경우
③ 지연 : 공사 착수 후 세부 계획에서 정한 사업기간을 넘겨 사업시행을 지연
④ 계약내용 위반 : 세부 계획에서 정한 목적대로 사용하지 아니하는 등 계약의 내용을 위반

08 원형지개발자의 선정방법과 공급가격　　　　▶ 원형지 : 3자 =1/3, 가격평가 조건도 3개

① 원칙 : 수의계약 방법 ⇨ 예외적으로 원형지를 학교나 공장 등의 부지 ⇨ 경쟁입찰의 방식 ⇨ 경쟁 입찰이 2회 이상 유찰 ⇨ 수의계약
② 원형지 공급가격 : 개발계획이 반영된 원형지의 감정가격에 시행자가 원형지에 설치한 기반시설 등의 공사비를 더한 금액을 기준으로 시행자와 원형지개발자가 협의하여 결정한다.

■ 핵심 예상 문제 107

107 도시개발법령상 원형지의 공급과 개발에 관한 설명으로 틀린 것은?

　① 원형지를 공장 부지로 직접 사용하는 자는 원형지개발자가 될 수 있다.
　② 원형지는 도시개발구역 전체 토지 면적의 3분의 1 이내의 면적으로만 공급될 수 있다.
　③ 원형지가 공공택지 용도인 경우 원형지개발자의 선정은 수의계약의 방법으로 할 수 있다.
　④ 원형지 공급가격은 개발계획이 반영된 원형지의 감정가격으로 한다.
　⑤ 원형지를 공급받아 개발하는 지방공사는 원형지에 대한 공사완료 공고일부터 5년이 지난 시점이라면 해당 원형지를 매각할 수 있다.

01 환지계획의 의의

▶ 환지계획의 내용에는 청산금×]

환지처분의 내용을 정하는 계획 ⇨ 환지계획 작성**기준**, 보류지 책정기준 : **국토교통부령**으로 정한다.
⇨ 위치·지목·면적·토질·수리·이용상황·환경 등을 종합적으로 고려하여 정한다.

02 토지부담률

▶ 보-시시 / 환-시시

시행자는 환지계획구역의 토지부담률을 산정 ⇨ 환지계획구역의 평균 토지부담률[5자]은 50%를 초과할 수 없다. 다만, 지정권자 인정[6자]하는 경우에는 60%까지로 할 수 있으며, 환지계획구역의 토지소유자 총수의 2/3 이상이 동의하는 경우에는 60%를 초과하여 정할 수 있다.

$$\text{토지부담률} = \frac{\text{보류지면적} - (\text{시행자에게 무상귀속되는 공공시설의 면적} + \text{시행자가 소유하는 토지})}{\text{환지계획구역면적} - (\text{시행자에게 무상귀속되는 공공시설의 면적} + \text{시행자가 소유하는 토지})} \times 100$$

■ 핵심 예상 문제 108

108 도시개발법령상 환지설계를 면적식으로 하는 경우 환지계획구역의 **평균토지부담률**은?

- 환지계획구역 면적 : 120만m²
- 보류지 면적 : 60만m²
- 체비지 면적 : 30만m²
- 시행자가 소유하는 토지 면적 : 10만m²
- 시행자에게 무상 귀속되는 공공시설 면적 : 10만m²
- 청산 대상 토지 면적 : 10만m²

① 30%   ② 40%   ③ 45%   ④ 50%   ⑤ 60%

$$\text{환지설계를 평가식으로 하는 경우 비례율} = \frac{\text{조성되는 토지·건축물의 평가액 합계[새땅 가격]} - \text{총 사업비}}{\text{환지 전 토지·건축물의 평가액 합계[헌땅 가격]}} \times 100$$

■ 핵심 예상 문제 109

109 도시개발법령상 환지설계를 평가식으로 하는 경우 다음 조건에서 비례율은? (단, 제시된 조건 외의 사항은 고려하지 않음)

- 도시개발사업으로 조성되는 토지·건축물의 평가액 합계 : 100억원
- 환지 전 토지·건축물의 평가액 합계 : 40억원
- 총사업비 : 20억원

① 100%   ② 125%   ③ 150%   ④ 200%   ⑤ 250%

03 인가권자★★

▶지정권자의 인가[×], 사전검토[×]

특별자치도지사·시장·군수·구청장(속 시끄러워 ⇨ 최말단)**의 인가**를 받아야 한다.

04 환지 부지정★★

▶임차권자 동의[○]

토지소유자가 신청하거나 동의하면 해당 토지의 전부 또는 일부에 대하여 환지를 정하지 아니할 수 있다. 다만, 해당 토지에 관하여 **임차권자 등이 있는 경우에는 그 동의**를 받아야 한다. ⇨ 날짜를 정하여 그 날부터 사용수익 정지 ⇨ 30일 이상의 기간을 두고 임차권자 등에게 알려야 한다.

05 토지면적을 고려한 환지, 공공시설 환지

증환지·감환지, 직권부지정 ⇨ 신청 받아 공유환지 가능, 공공시설 환지 : 위치·면적 등을 적용[×]

06 보류지·체비지★

시행자는 도시개발사업에 필요한 경비에 충당하거나 규약·정관·시행규정·실시계획이 정하는 목적을 위하여 일정한 토지를 보류지로 정할 수 있으며, 그중 일부를 체비지로 정하여 도시개발사업에 필요한 경비에 충당할 수 있다.

07 환지방식의 가격평가★

▶환심

공인평가기관[감정평가법인 등]이 평가(**감정가격**) + 토지평가협의회의 **심의**를 거쳐 결정한다.

08 입체환지★

시행자는 토지 또는 건축물 소유자의 **신청**(동의×)을 받아 건축물의 일부와 그 건축물이 있는 토지의 공유지분을 부여할 수 있다.

■ 핵심 예상 문제 110

110 도시개발법령상 환지계획에 관한 설명으로 옳은 것은?

① 환지계획 작성에 따른 환지계획의 기준, 보류지 책정기준 등에 관하여 필요한 사항은 시행자가 정한다.

② 시행자는 보류지 중 일부를 체비지로 정하여 개발사업에 필요한 경비에 충당할 수 있다.

③ 토지소유자의 신청 또는 동의가 있는 때에는 해당 토지의 전부 또는 일부에 대하여 환지를 정하지 아니할 수 있다. 다만, 해당 토지에 관하여 임차권자 등이 있는 때에는 그 동의를 받지 아니한다.

④ 행정청이 아닌 시행자가 환지계획을 작성한 경우에는 지정권자의 인가를 받아야 한다.

⑤ 시행자는 환지방식이 적용되는 도시개발구역에 있는 조성토지 등의 가격을 평가할 때에는 감정평가법인 등의 평가를 거치기 전 토지평가협의회의 심의를 거쳐 결정한다.

09 환지예정지 지정효과★★

① 환지예정지의 지정효과(소유권 이전은 일어나지 않는다.) ⇨ 환지예정지를 지정할 수 있다.

구 분	사 용	수 익	처 분	비 고
종전 토지	×	×	○	수인의무
환지예정지	○	○	×	종전과 동일내용 권리행사
체비지	○	○	○	체비지를 매입한 자는 이전등기를 마친 때 소유권을 취득

② 환지예정지 지정의 효력발생일부터 환지처분의 공고일까지 환지예정지를 사용 또는 수익할 수 있다.

③ 종전 토지에 대한 임차권자 등이 있으면 해당 환지예정지에 대하여 해당 권리의 목적인 토지 또는 그 부분을 아울러 지정하여야 한다.

④ 장애가 될 물건이 있는 경우에는 환지예정지의 사용 또는 수익을 개시할 날을 따로 정할 수 있다.

⑤ 임대료증감청구나 권리포기, 계약해지, 손실보상청구(손실보상청구는 시행자에게 ⇨ 시행자는 토지소유자에게 구상권 행사) 등의 행사는 환지예정지의 지정의 효력발생일부터 60일이 지나면 행사할 수 없다.

■ 핵심 예상 문제 111

111 도시개발법령상 환지예정지의 지정에 관한 설명으로 틀린 것은?

① 시행자가 도시개발사업의 시행을 위해 필요한 경우에는 도시개발구역의 토지에 대하여 환지예정지를 지정할 수 있다.

② 종전의 토지에 대한 임차권자가 있는 경우 해당 환지예정지에 대하여 해당 권리의 목적인 토지 또는 그 부분을 아울러 지정하여야 한다.

③ 도시개발사업비용을 충당하기 위하여 환지예정지를 체비지의 용도로 지정할 수 있다.

④ 종전 토지의 임차권자는 환지예정지 지정 이후에도 환지처분이 공고되는 날까지 종전의 토지를 사용하거나 수익할 수 있다.

⑤ 임차료 등의 목적인 토지에 환지예정지가 지정된 경우 임대료증감청구나 권리포기, 계약해지, 손실보상청구 등의 행사는 환지예정지의 지정의 효력발생일부터 60일이 지나면 행사할 수 없다.

01 환지처분 효과★★   ▶취득 = 다음날 ⇨ 소멸 = 끝나는 때

① 환지처분의 효력발생시기 : **권리 취득(환지처분 공고일**의 **다음 날** ⇨ **종전 토지로 본다**)
　　　　　　　　　　　　　　 권리 소멸(공고일이 끝나는 때 ⇨ **소멸한다**)

② 지역권, 행정상·재판상의 처분은 원칙 ⇨ 종전의 토지에 존속

　• 지역권은 종전토지에 존속한다. ⇨ 행사할 이익이 없어진 지역권은 공고일이 **끝나는 때**에 **소멸**한다.

　• 행정상·재판상의 처분은 종전 토지에 전속하는 처분은 존속한다. ⇨ 경제적 가치를 목적으로 하는 처분은 환지로 이전한다.

③ 입체환지처분의 효과 : 건축물의 일부와 토지의 공유지분을 환지처분이 공고된 날의 **다음 날**에 **취득** ⇨ 종전의 토지에 대한 **저당권**은 환지처분의 공고가 있은 날의 다음날부터 건축물의 일부와 토지의 공유지분에 존재하는 것으로 본다.

④ 체비지·보류지의 취득 : **체비지는 시행자, 보류지는 환지계획에서 정한 자** ⇨ 환지처분의 공고가 있은 날의 **다음 날** 소유권을 **취득** ⇨ 이미 처분된 체비지는 체비지를 **매입**한 자가 소유권 **이전등기**를 **마친 때**에 이를 취득한다.

⑤ 임대료 증감청구, 권리의 포기, 계약해지, 손실보상 청구의 행사 ⇨ 환지처분 공고가 있는 날부터 **60**일이 지나면 임대료 증감청구 등을 행사할 수 없다.

02 환지등기

시행자는 환지처분의 공고 후 14일 이내에 등기 ⇨ 환지처분의 공고가 있은 날부터 등기가 있는 때까지는 다른 등기를 할 수 없다. ⇨ 확정일자가 있는 서류에 의하여 환지처분의 공고일 전에 등기원인이 생긴 것임을 증명한 경우에는 그러하지 아니하다(다른 등기를 할 수 있다).

■ 핵심 예상 문제 112

112 도시개발법령상 환지처분에 관한 설명으로 틀린 것은?

　① 환지계획에서 정하여진 환지는 그 환지처분이 공고된 날의 다음 날부터 종전의 토지로 본다.

　② 환지처분은 행정상 처분으로서 종전의 토지에 전속하는 것에 관하여 영향을 미치지 아니한다. 다만, 경제적 가치를 목적으로 하는 처분은 환지로 이전한다.

　③ 도시개발구역의 토지에 대한 지역권은 개발사업의 시행으로 행사할 이익이 없어진 경우 환지처분이 공고된 날이 끝나는 때 소멸한다.

　④ 보류지는 시행자가, 체비지는 환지계획에서 정한 자가 환지처분의 공고가 있는 날의 다음 날에 그 소유권을 취득한다.

　⑤ 지정권자는 도시개발사업의 조성토지등(체비지는 제외)이 그 사용으로 인하여 사업시행에 지장이 없는 경우에는 준공 전에 사용허가를 할 수 있다.

03 **청산금** ▶ 청산금은 공고가 있은 날의 다음날 결정[×]

① 청산금 결정시기 : 청산금은 **환지처분을 하는 때에 이를 결정**하여야 한다. 다만, 토지소유자의 신청 또는 동의에 따른 환지부지정이나 토지면적을 고려하여 환지대상에서 제외한 토지 등에 대하여는 청산금을 교부하는 때에 결정할 수 있다.

② 청산금의 확정 : 환지처분의 공고가 있은 날의 다음 날에 확정된다.

③ 청산금의 징수·교부 : 원칙은 일괄징수, 일괄교부 ⇨ **이자 붙여** 분할징수, 분할교부할 수 있다.

④ 징수위탁 : 행정청인 시행자는 청산금을 납부하여야 할 자가 납부하지 아니하는 때에는 국세체납처분 또는 지방세체납처분의 예에 따라 이를 징수할 수 있으며, 행정청이 아닌 시행자는 특별자치도지사·시장·군수·구청장에게 청산금의 징수를 위탁할 수 있다. 위탁 수수료 : 4/100)

⑤ 청산금의 **소5멸시효** : **5년**간 이를 행사하지 아니하는 때에는 **소멸한다**.

■ **핵심 예상 문제 113**

113 도시개발법령상 청산금제도에 관한 설명으로 틀린 것은?

① 환지를 정하거나 그 대상에서 제외한 경우 그 과부족분은 금전으로 청산하여야 한다.

② 과소 토지여서 환지대상에서 제외한 토지에 대하여는 청산금을 교부하는 때에 청산금을 결정할 수 있다.

③ 토지 면적의 규모를 조정할 특별한 필요가 있어 환지를 정하지 아니하는 토지에 대하여는 환지처분 전이라도 청산금을 교부할 수 있다.

④ 청산금은 이자를 붙이더라도 분할교부할 수 없다.

⑤ 청산금을 받을 권리나 징수할 권리를 5년간 행사하지 아니하면 시효로 소멸한다.

---

04 **도시개발채권의 발행** [제15,21,24,27,28,29,33회] ▶ 조합이 발행[×]

① 발행권자[조합×] : **시·도지사**가 도시개발사업에 필요한 자금을 조달하기 위하여 발행

② 행정안전부장관의 승인 : 시·도지사가 도시개발채권의 발행을 하고자 할 때 채권의 발행방법, 총액, 조건, 상환방법 및 절차 등 **행정안전부장관의 승인**을 받아야 한다.

③ 도시개발채권의 이율은 채권의 발행 당시의 국채·공채 등의 금리와 특별회계의 상황 등을 고려하여 해당 시·도의 조례로 정한다(이율은 행정안전부장관의 승인 ×).

④ 발행방법 : 주식·사채 등의 전자등록에 관한 법률에 따라 전자등록하여 발행하거나 **무기명**으로 발행할 수 있으며, 상환기간은 5년부터 10년의 범위에서 지방자치단체의 조례로 정한다.

⑤ 도시개발채권의 **소5멸시효** : 소멸시효는 상환일부터 기산하여 **원금은 5년, 이[2]자는 2년**

⑥ 중도상환 : 허가 또는 인가가 매입자의 귀책사유 없이 취소, 착오로 매입, 매입하여야 할 금액을 초과하여 도시개발채권을 매입한 경우에는 **중도에 상환할 수 있다**.

Chapter 04 도시개발법 **115**

114 도시개발법령상 도시개발채권에 관한 설명으로 틀린 것은?

① 시·도지사는 도시개발사업 또는 도시·군계획시설사업에 필요한 자금을 조달하기 위하여 도시개발채권을 발행할 수 있다.

② 도시개발채권을 발행하는 경우 채권의 발행총액, 발행방법, 발행조건, 상환방법 및 절차에 대하여 행정안전부장관의 승인을 받아야 한다.

③ 도시개발채권의 상환은 5년부터 10년의 범위에서 지방자치단체의 조례로 정한다.

④ 도시개발채권의 소멸시효는 상환일부터 기산하여 원금은 7년, 이자는 3년으로 한다.

⑤ 도시개발채권의 매입의무자가 매입하여야 할 금액을 초과하여 도시개발채권을 매입한 경우, 매입의무자가 아닌 자가 착오로 도시개발채권을 매입한 경우에는 도시개발채권을 중도에 상환할 수 있다.

05 도시 및 주거환경정비법

☞ 정비법 6개중 4개 이상은 나온다. 2~3개는 틀려도 된다.

THEME 33 용어정의 · 안전진단(A+) [제15,16.17,18,19,20,22,23,24,25,27,28,29,32회]

01 정비사업의 의의★★
▶ 재개발사업 : 열악,　▶ 재건축사업 : 양호

① 주거환경개선사업 : 도시저소득 주민이 집단거주하는 지역으로서 정비기반시설이 극히 열악하고 노후·
불량건축물이 과도하게 밀집한 지역의 주거환경을 개선하거나 단독주택 및 다세대주택이 밀집한
지역에서 정비기반시설과 공동이용시설 확충을 통하여 주거환경을 보전·정비·개량하기 위한 사업
(달동네)
② 재개발사업 : 정비기반시설이 열악하고 노후·불량건축물이 밀집한 지역에서 주거환경을 개선하거나 상
업지역·공업지역 등에서 도시기능의 회복 및 상권활성화 등을 위하여 도시환경을 개선하기 위한 사업
③ 재건축사업 : 정비기반시설은 양호하나 노후·불량건축물에 해당하는 공동주택이 밀집한 지역에서
주거환경을 개선하기 위한 사업

02 정비기반시설★

도로·상하수도·구거(도랑)·공원·공용주차장·광장·공공공지·공동구 그 밖에 주민의 생활에 필
요한 열·가스 등의 공급시설로서 대통령령으로 정하는 시설을 말한다.

03 공동이용시설★
▶ 놀마공, 판탁탁, 어린이집

주민이 공동으로 사용하는 놀이터·마을회관·공동작업장 그 밖에 대통령령이 정하는 시설(구판장·
세탁장·탁아소·어린이집·경로당 및 화장실, 수도 등)을 말한다.

■ 핵심 예상 문제 115

115 도시 및 주거환경정비법령상 주민이 공동으로 사용하는 시설로서 공동이용시설에 해당하지 않
는 것은? (단, 조례는 고려하지 않음)
　① 상하수도　　　　　　　　　　② 경로당
　③ 탁아소　　　　　　　　　　　④ 놀이터
　⑤ 어린이집

04 노후 · 불량건축물 등★

① 해당 건축물을 **준공일 기준으로 40년**까지 사용하기 위하여 **보수 · 보강**하는데 드는 비용이 신축비보다 클 것으로 예상되는 건축물은 노후 · 불량건축물이다.

② 도시미관을 저해하거나 노후화된 건축물로서 **준공된 후 20년 이상 30년 이하**의 범위에서 조례로 정하는 기간이 지난 건축물은 노후 · 불량건축물이다.

③ 대지는 정비사업에 따라 조성된 토지를 말한다(지목 불문).

④ 토지주택공사 등은 한국토지주택공사 또는 주택사업을 수행하기 위하여 설립된 지방공사이다.

05 토지등소유자★★

① 주거환경개선사업 · 재개발사업 : 정비구역에 위치한 **토지 또는 건축물의 소유자 또는 그 지상권자**

② 재건축사업의 경우 : 정비구역에 위치한 건축물 및 그 부속토지의 소유자(지상권자는 제외)

■ 핵심 예상 문제 116

116 도시 및 주거환경정비법령상의 용어정의에 대한 설명 중 옳은 것은?

① 재개발사업은 정비기반시설이 열악하고 노후 · 불량건축물이 밀집한 지역에서 주거환경을 개선하거나 상업지역 · 공업지역 등에서 도시기능의 회복 및 상권활성화 등을 위하여 도시환경을 개선하기 위한 사업이다.

② 재건축사업의 정비구역 안에 위치한 토지의 지상권자는 토지등소유자에 해당한다.

③ 준공일 기준으로 20년까지 사용하기 위한 보수 · 보강비용이 철거 후 신축비용보다 큰 건축물은 노후 · 불량건축물에 해당된다.

④ 주민이 공동으로 사용하는 도로, 구거, 공원, 공동작업장, 공용주차장 등은 공동이용시설이다.

⑤ 대지라 함은 정비사업구역과 인접구역의 지목이 대인 토지를 말한다.

06 안전진단★

① **정비계획의 입안권자**(특별자치시장, 특별자치도지사, 시장, 군수, 구청장등)는 재건축사업 **정비계획의 수립시기가 도래한 때** 또는 입안을 제안하기 전에 해당 정비예정구역에 위치한 건축물 및 그 부속토지의 소유자 **1/10 이상의 동의**를 받아 안전진단의 실시를 요청하는 경우에는 안전진단을 실시하여야 한다. ⇨ 30일 이내 안전진단의 **실시 여부를 결정하여 요청인에게 통보**

② 정비계획의 입안권자는 **안전진단에 드는 비용**을 해당 안전진단의 실시를 **요청하는 자에게 부담하게 할 수 있다**.

07 안전진단 대상★★

① 재건축사업의 안전진단은 주택단지 내의 건축물을 대상으로 한다.

② **천재지변**, 구조안전상 **사용금지**, 노후·불량건축물 수에 관한 기준을 충족한 경우 **잔여 건축물**, 진입도로 등 기반시설 설치를 위하여 불가피하게 정비구역에 포함된 것으로 **입안권자가 인정**하는 건축물(**자세불량**), **안전등급이 D**(미흡) 또는 E(불량)인 건축물은 **안전진단을 제외할 수 있다**.

08 안전진단 시행 여부 결정

① 정비계획의 입안권자는 안전진단의 결과와 도시계획 및 지역여건을 종합적으로 검토하여 정비계획의 입안 여부를 결정하여야 한다.

② 정비계획의 입안권자는 현지조사의 전문성 확보를 위하여 국토안전관리원 또는 한국건설기술연구원에 현지조사를 의뢰[20일 이내에 조사결과를 정비계획의 입안권자에게 제출]할 수 있다.

③ 시·도지사는 필요한 경우 국토안전관리원 또는 **한국**건설기술연구원에 안전진단결과의 적정성에 대한 검토를 의뢰할 수 있다. ⇨ 국토교통부장관은 시·도지사에게 안전진단결과의 적정성에 대한 검토를 하도록 요청할 수 있다.

09 안전진단 취소 등 요청   ▶ 시·도지사가 취소하여야 한다.[×]

시·도지사는 적정성 검토결과에 따라 정비계획의 입안권자에게 정비계획 입안결정의 **취소 등 필요한 조치를 요청할 수 있으며**, 정비계획의 입안권자는 특별한 사유가 없으면 그 요청에 따라야 한다.

■ **핵심 예상 문제 117**

117 도시 및 주거환경정비법령상의 안전진단에 대한 설명 중 옳은 것은?

① 시·도지사는 필요한 경우 국토안전관리원 또는 한국건설기술연구원에 안전진단 결과의 적정성 여부에 대한 검토를 의뢰할 수 있다.

② 시·도지사는 적정성 검토결과에 따라 정비계획의 입안권자의 정비계획 입안결정을 취소할 수 있다.

③ 정비계획의 입안권자는 안전진단에 드는 비용을 해당 안전진단의 실시를 1/3 이상의 동의를 받아 요청하는 자에게 부담하게 할 수 있다.

④ 시설물의 안전 및 유지관리에 관한 특별법의 시설물로서 지정받은 안전등급이 D (미흡) 또는 E (불량)인 건축물은 안전진단 대상이다.

⑤ 천재지변 등으로 주택이 붕괴되어 신속히 재건축을 추진할 필요가 있다고 시·도지사가 인정하는 경우에는 안전진단 대상에서 제외할 수 있다.

01 정비기본계획 수립 [제19,20,22,26,27,29회]　　　　　　　▶ 군수가 기본계획 수립[×]

① 정비기본방침 : 국토교통부장관[10년 수립, 5년 타당성 검토] ⇨ 내용 : 도시 및 주거환경 정비를 위한 국가의 정책 방향, 노후·불량 주거지 조사 및 개선계획, 재정지원계획, 기본계획의 수립 방향

② 정비기본계획 수립 : ㉠ 기본계획을 수립하려는 경우에는 **14일 이상 주민에게 공람하여 의견을 들어야 하며**, 제시된 의견이 타당하다고 인정되면 반영하여야 한다. ⇨ 지방의회(60일 이내)의 의견청취 ⇨ ㉡ 특별시장·광역시장·특별자치시장·특별자치도지사·시장(**군수 ×**)이 10년 단위로 수립, 5년 마다 타당성 검토 다만, **도지사가 기본계획을 수립할 필요가 없다고 인정하는 시(대도시가 아닌 지역을 말한다)에 대하여는 기본계획을 수립하지 아니할 수 있다.** ⇨ 대도시의 시장이 아닌 시장은 기본계획을 수립한 때에는 도지사의 승인 ⇨ ㉢ 특별시장·광역시장·특별자치시장·특별자치도지사·시장은 **국토교통부장관에게 보고** ⇨ ㉣ 작성**기준** 및 작성**방법**은 **국토교통부장관**이 정한다.

■ 핵심 예상 문제 118

118 도시 및 주거환경정비법령상 도시·주거환경정비기본계획(이하 '기본계획'이라 함)의 수립에 관한 설명으로 틀린 것은?

① 도지사가 대도시가 아닌 시로서 기본계획을 수립할 필요가 없다고 인정하는 시에 대하여는 기본계획을 수립하지 아니할 수 있다.

② 국토교통부장관은 기본계획에 대하여 5년마다 타당성 여부를 검토하여 그 결과를 기본계획에 반영하여야 한다.

③ 기본계획의 수립권자는 기본계획을 수립하려는 경우 14일 이상 주민에게 공람하여 의견을 들어야 한다.

④ 시장은 기본계획을 수립하거나 변경한 때에는 국토교통부령이 정하는 방법 및 절차에 따라 국토교통부장관에게 보고하여야 한다.

⑤ 도지사가 대도시가 아닌 시로서 기본계획을 수립할 필요가 없다고 인정하는 시에 대하여는 기본계획을 수립하지 아니할 수 있다.

02 정비계획 입안 및 정비구역 지정　　　　　　　▶ 공법상 주민설명회는 정비계획만 나와

① 입안절차 : ㉠ 정비계획을 입안 ⇨ ㉡ 서면 통보 후 **주민설명회** 및 30일 이상 주민에게 공람(세입자 포함) ⇨ ㉢ 지방의회 의견청취(60일 내) ⇨ ㉣ 구청장 등은 정비계획을 입안하여 특별시장·광역시장에게 정비구역 지정을 신청하여야 한다.

② 입안제안 : 정비계획의 입안시기가 **지났음**에도 불구하고 정비계획이 입안되지 아니한 경우, 토지등소유자(조합원)가 **2/3 이상**의 동의로 정비계획의 변경을 요청하는 경우, 토지등소유자가 **공공재개발사업 또는 공공재건축사업**을 추진하려는 경우 정비계획 입안권자에게 제안할 수 있다. ⇨ 제안일부터 60일 이내 반영 여부통보 ⇨ 30일 연장

③ 정비구역의 지정권자 : 특별시장·광역시장·특별자치시장·특별자치도지사·시장 또는 군수

03 정비구역 개발행위★★ [제20,21,22,25회]

① 건축물[가설건축물]의 건축(**용도변경 ○, 대수선 ×**) ⇨ 공작물의 설치 ⇨ 토지의 형질변경 ⇨ 토석의 채취 ⇨ 토지분할 ⇨ 쌓고[1개월 이상 적치] ⇨ 죽목의 벌채 및 식재 ⇨ 시장·군수 등의 개발행위허가 ⇨ 개발행위허가를 하려는 경우에는 시행자의 의견을 들어야 한다. ⇨ 국토계획법상 개발행위허가를 받은 것으로 본다. ⇨ 기득권 보호 30일 내 신고 ⇨ 위반시 처벌(2/2)

② 허용사항 : 다음의 행위는 허가를 받지 아니하고 이를 할 수 있다.
- **재해복구 또는 재난수습**에 필요한 응급조치를 위하여 하는 행위
- **기존 건축물의 붕괴 등 안전사고의 우려가 있는 경우 해당 건축물에 대한 안전조치를 위한 행위**
- **농림**수산물의 생산에 직접 이용되는 **간이공작물**(비닐하우스, 종묘배양장, 건조장)의 설치
- **경작을 위한 토지의 형질변경**
- 정비구역의 개발에 **지장을 주지 아니하고** 자연경관을 손상하지 아니하는 범위의 토석채취
- 정비구역에 **남겨두기로** 결정된 대지 안에서 물건을 쌓아놓는 행위
- 관상용 죽목의 임시식재[**경작지에서의 임시식재는 허가**를 받아야 한다.]

■ 핵심 예상 문제 119

119 도시정비법상 정비구역 안에서의 행위제한에 관한 설명으로 옳은 것은?

① 정비구역에서 가설건축물의 건축 등의 행위를 하려는 자는 시장·군수 등의 허가를 받지 아니한다.

② 허가받은 사항을 변경하려는 때에는 시장·군수 등에게 신고하여야 한다.

③ 재해복구 또는 재난수습 등을 위한 응급조치는 1개월 이내에 시장·군수 등에게 신고를 하여야 한다.

④ 이동이 용이하지 아니한 물건을 4주 이상 쌓아놓는 행위는 시장·군수 등의 허가를 받아야 한다.

⑤ 기존 건축물의 붕괴 등 안전사고의 우려가 있는 경우 해당 건축물에 대한 안전조치를 위한 행위는 허가를 받지 아니하고 이를 할 수 있다.

⑥ 농림수산물의 생산에 직접 이용되는 간이공작물의 설치(비닐하우스, 건조장, 버섯재배사, 종묘배양장, 탈곡장, 양잠장)는 허가를 받아야 한다.

⑦ 관상용 죽목의 경작지에서 임시식재는 허가를 받지 아니한다.

04 정비구역 등 해제★★

1. 필수적 해제 : **추진위[2]원회 보이면** ⇨ 2년 / **추진위원회 안보이면** ⇨ 3년 / **토지등소유자 시행[재개발사업 20인 미만]시** ⇨ 5년 ⇨ 정비구역등의 해제를 요청하여야 한다. ⇨ 해제하여야 한다.

정비구역의 지정권자는 다음에 해당하는 경우에는 **정비구역 등을 해제하여야 하며**, 구청장 등은 특별시장·광역시장에게 정비구역등의 해제를 요청하여야 한다.

① 정비예정구역에 대하여 기본계획에서 정한 정비구역 지정 예정일부터 **3년**이 되는 날까지 정비구역을 지정하지 아니하거나 구청장등이 정비구역의 지정을 신청하지 아니하는 경우

② 재개발사업·재건축사업(조합이 시행하는 경우로 한정한다)이 다음에 해당하는 경우

   ㉠ 토지등소유자가 정비구역으로 지정·고시된 날부터 **2년**이 되는 날까지 조합설립**추진위원회**의 승인을 신청하지 아니하는 경우

   ㉡ 토지등소유자가 정비구역으로 지정·고시된 날부터 **3년**이 되는 날까지 조합설립인가를 신청하지 아니하는 경우(추진위원회를 구성하지 아니하는 경우로 한정한다)

③ 토지등소유자가 **시행**하는 **재개발사업**으로서 토지등소유자가 정비구역으로 지정·고시된 날부터 **5년**이 되는 날까지 사업시행계획인가를 신청하지 아니하는 경우

2. 임의적 해제 : 정비구역의 지정권자는 다음에 해당하는 경우 지방도시계획위원회의 심의를 거쳐 정비구역 등을 **해제할 수 있다**.

① 토지등소유자의 **과도한 부담**이 예상되는 경우 ⇨ **목적을 달성할 수 없다**고 인정하는 경우 ⇨ 토지등소유자의 100분의 30 이상이 정비구역 등의 해제를 요청하는 경우

② 자력개발방식[주거환경개선사업] : 10년 이상 경과하고 토지등소유자 과반수가 해제에 동의

③ 추진위원회 구성 또는 조합 설립에 동의한 토지등소유자의 2분의 1 이상 3분의 2 이하의 범위에서 시·도조례로 정하는 비율 이상의 동의로 정비구역의 해제를 요청하는 경우 ⇨ 추진위원회가 구성되거나 조합이 설립된 정비구역에서 토지등소유자 과반수의 동의로 정비구역의 해제를 요청하는 경우(사업시행계획인가를 신청하지 아니한 경우로 한정한다)

■ **핵심 예상 문제 120** ■

120 정비구역의 지정권자가 정비구역 등을 해제를 하여야 하는 경우이다. 틀린 것은?

① 정비사업의 시행으로 토지등소유자의 과도한 부담이 발생할 것으로 예상되는 경우

② 조합이 시행하는 재건축사업에서 추진위원회가 추진위원회승인일부터 2년이 되는 날까지 조합설립인가 신청하지 아니하는 경우

③ 조합이 시행하는 재개발사업에서 토지등소유자가 정비구역으로 지정·고시된 날부터 2년이 되는 날까지 조합설립추진위원회의 승인을 신청하지 아니하는 경우

④ 조합이 시행하는 재건축사업에서 조합이 조합설립인가를 받은 날부터 3년 되는 날까지 사업시행계획인가 신청하지 아니하는 경우

⑤ 토지등소유자가 시행하는 재개발사업으로서 토지등소유자가 정비구역지정·고시된 날부터 5년이 되는 날까지 사업시행계획인가를 신청하지 아니하는 경우

01 시행방법★★ **[제20,28,29,30회]** ▸ 환지방식과 관리처분방식 모두가능 ⇨ 주거환경개선사업, 재개발사업

사업의 종류	환지방식	자력개량방식	수용방식	혼용방식	관리처분계획방식	공급대상
주거환경개선사업	○	○	○	○	○	주택+부대+복리
재개발사업	○	(×)	(×)	(×)	○	건축물
재건축사업	(×)	(×)	(×)	(×)	○	주택+부대+복리 및 **오피스텔**
	오피스텔을 건설하여 공급하는 경우에는 상업지역 및 준주거지역에서만 건설할 수 있으며, 오피스텔의 연면적은 전체 건축물 연면적의 100분의 30 이하					

■ **핵심 예상 문제 121** ■

121 **도시 및 주거환경정비법령상 정비사업의 시행방법에 관한 설명이다. 틀린 것은?**

① 주거환경개선사업은 정비구역의 전부 또는 일부를 수용하여 주택을 건설한 후 토지등소유자에게 우선 공급하는 방법

② 주거환경개선사업은 정비구역에서 인가받은 사업시행계획에 따라 주택 및 부대시설·복리시설 및 오피스텔을 건설하여 공급하는 방법과 환지로 공급하는 방법을 혼용하는 방법

③ 재개발사업은 정비구역에서 인가받은 관리처분계획에 따라 건축물을 건설하여 공급하거나 환지로 공급하는 방법

④ 재건축사업은 정비구역에서 인가받은 관리처분계획에 따라 주택 및 부대시설·복리시설 및 오피스텔을 건설하여 공급하는 방법

⑤ 재건축사업의 준주거지역 및 상업지역에서 오피스텔을 건설하여 공급하는 경우에는 오피스텔의 연면적은 전체 건축물 연면적의 100분의 30 이하이어야 한다.

주거환경 개선사업	① 스스로 주택을 보전·정비하거나 개량하는 방법으로 시행하는 주거환경개선사업은 시장·군수 등이 직접 시행하되, 토지주택공사 등을 사업시행자로 지정하여 시행하게 하려는 경우에는 토지등소유자의 과반수의 동의를 받아야 한다. ② 수용방법, 환지방법, 관리처분계획에 따라 공급하는 방법으로 시행하는 주거환경개선사업은 토지등소유자 **2/3 이상의 동의** + 세입자 세대수 과반수의 동의(세입자의 세대수가 토지등소유자의 1/2 이하인 경우에는 **세입자의 동의 생략**)를 받아 시장·군수 등이 다음에 따라 이를 시행하게 할 수 있다. 　1. 시장·군수 등이 직접 시행하거나 토지주택공사 등, 공공기관이 총지분의 50%를 초과하는 출자로 설립한 법인을 사업시행자로 지정하는 경우 　2. 시장·군수등이 주택공사 등, 법인에 해당하는 자와 건설업자, 등록사업자에 해당하는 자를 공동시행자로 지정하는 경우 ③ **천재지변** 그 밖의 불가피한 사유로 긴급히 사업을 시행 ⇨ **동의없이** 시행할 수 있다.
재개발 사업	① 조합이 단독으로 시행하거나 ② 조합원 과반수의 동의를 받아 조합과 시장·군수 등·토지주택공사 등·건설업자·등록사업자·한국부동산원·신탁회사와 공동으로 시행할 수 있다. ③ **토지등소유자가 20인 미만인 경우에는 토지등소유자가 시행**하거나 토지등소유자가 토지등소유자의 과반수의 동의를 받아 시장·군수 등, 토지주택공사 등, 건설업자, 등록사업자·한국부동산원·신탁회사와 공동으로 시행할 수 있다.
재건축 사업	① 조합이 단독으로 시행하거나 ② 조합원 과반수의 동의를 받아 조합과 시장·군수 등·토지주택공사 등·**건설업자·등록사업자**와 공동으로 시행할 수 있다. [한국부동산원[×] 신탁회사[×]]

■ 핵심 예상 문제 122

122 도시 및 주거환경정비법령상 정비사업의 시행자에 대한 설명 중 틀린 것은?

① 주거환경개선사업은 조합이나 토지등소유자가 단독으로 시행할 수 없다.

② 재건축사업 또는 재개발사업은 조합이 시행하거나, 조합이 조합원의 과반수의 동의를 얻어 시장·군수 등 또는 토지주택공사 등, 건설업자, 등록사업자, 신탁업자, 한국부동산원과 공동으로 시행할 수 있다.

③ 재개발사업은 토지등소유자가 20인 미만인 경우에는 토지등소유자가 시행할 수 있다.

④ 환지방식의 주거환경개선사업은 정비계획 공람·공고일 현재 해당 정비예정구역의 토지 또는 건축물의 소유자 또는 지상권자의 2/3 이상의 동의와 세입자 세대수 과반수의 동의를 얻어 시장·군수 등이 직접 시행할 수 있다.

⑤ 시장·군수 등은 천재지변으로 건축물의 붕괴우려가 있어 긴급히 주거환경개선사업을 시행할 필요가 있을 경우에는 토지등소유자의 동의 없이 직접 시행하거나 토지주택공사 등으로 하여금 시행하게 할 수 있다.

03 **재개발사업 · 재건축사업의 공공시행자** [제14,16,26,30,32회]

① 시장 · 군수 등은 재개발사업 및 재건축사업이 다음에 해당하는 때에는 직접 정비사업을 시행하거나 토지주택공사 등(토지주택공사 등이 건설업자 또는 등록사업자와 공동으로 시행하는 경우를 포함한다)을 사업시행자로 지정하여 정비사업을 시행하게 할 수 있다.

> 1. **천재 · 지변**, 사용제한 · 사용금지, 그 밖의 불가피한 사유로 인하여 긴급히 정비사업을 시행할 필요가 있다고 인정하는 때
> 2. 고시된 정비계획에서 정한 정비사업시행 예정일부터 **2년 이내**에 사업시행계획인가를 신청하지 **아니**하거나 인가를 신청한 내용이 위법 또는 부당하다고 인정하는 때**(재건축사업은 제외)**
> 3. 추진위원회가 시장 · 군수 등의 구성 승인을 받은 날부터 3년 이내에 조합의 설립인가를 신청하지 아니하거나, **조합이** 설립인가를 받은 날부터 **3년 이내에 사업시행계획인가를 신청하지 아니한 때**
> 4. 지방자치단체의 장이 시행하는 **도시 · 군계획사업과 병행하여** 정비사업을 시행할 필요시
> 5. **순환정비방식**으로 정비사업을 시행할 필요가 있다고 인정하는 때
> 6. **사업시행계획인가가 취소**된 때
> 7. 해당 정비구역의 **국 · 공유지** 면적 또는 국 · 공유지와 토지주택공사 등이 소유한 토지를 합한 면적이 전체 토지**면적의 1/2 이상**으로서 토지등소유자의 **과반수**가 시장 · 군수 등 또는 토지주택공사 등을 사업시행자로 지정하는 것에 **동의**하는 때 ⇨ 국공유지
> 8. 정비구역 안의 토지**면적 1/2 이상**의 토지소유자와 토지등**소유자의 2/3 이상**에 해당하는 자가 시장 · 군수 등 또는 토지주택공사 등을 사업시행자로 지정할 것을 **요청**하는 때 ⇨ **국공유지 외**

② 시장 · 군수 등이 직접 정비사업을 시행하거나 토지주택공사 등을 사업시행자로 지정 · 고시한 때에는 그 **고시일 다음 날**에 추진위원회의 구성승인 또는 **조합설립인가가 취소된 것으로 본다**.

■ **핵심 예상 문제 123**

123 도시 및 주거환경정비법령상 시장 · 군수 등이 직접 정비사업을 시행하거나 토지주택공사 등을 사업시행자로 지정하여 정비사업을 시행하게 할 수 있는 경우에 해당하지 않는 것은?

① 재건축조합이 사업시행 예정일부터 2년 이내에 사업시행계획인가를 신청하지 아니한 때
② 천재지변으로 긴급하게 정비사업을 시행할 필요가 있다고 인정하는 때
③ 조합설립추진위원회가 시장 · 군수 등의 구성승인을 받은 날부터 3년 이내에 조합설립인가를 신청하지 아니한 때
④ 지방자치단체의 장이 시행하는 「국토의 계획 및 이용에 관한 법률」에 따른 도시 · 군계획사업과 병행하여 정비사업을 시행할 필요가 있다고 인정하는 때
⑤ 해당 정비구역의 국 · 공유지 면적 또는 국 · 공유지와 토지주택공사등이 소유한 토지를 합한 면적이 전체 토지면적의 2분의 1 이상으로서 토지등소유자의 과반수가 시장 · 군수 등 또는 토지주택공사 등을 사업시행자로 지정하는 것에 동의하는 때

01 추진위원회 구성
▶ 공공지원 : 추진위원회를 구성 [×]

정비구역 지정·고시 후 추진위원장을 포함한 5명 이상의 추진위원 ⇨ 토지등소유자 과반수 동의 ⇨ 시장·군수등 승인, 다만, 공공지원을 하려는 경우에는 추진위원회를 구성하지 아니할 수 있다.

02 조합설립 추진위원회*
▶ 조합원 이야기 하지마

① 추진위원회의 업무 : 정비사업전문관리업자의 선정(경쟁입찰 또는 수의계약(2회 이상 경쟁입찰이 유찰된 경우로 한정한다)의 방법으로 선정), 개략적인 정비사업시행계획서의 작성, 조합의 설립인가를 받기 위한 준비업무, 설계자 선정 및 변경의 업무를 수행, 조합정관의 초안작성, 토지등소유자의 동의서의 접수 (안전진단 신청 업무×, 시공자 선정×)

② 추진위원회의 조직 : 위원장 1인과 감사를 두어야 한다. (이사×)

③ 조합과의 관계 : 추진위원회의 권리와 의무는 조합이 포괄승계 ⇨ 회계장부 및 관련서류(인가일부터 30일 이내 인계하여야 한다.)

03 추진위원·조합임원의 선출
▶ 돈 주고 받지마[5/5]

① 추진위원의 선출과 관련하여 금품, 향응 또는 그 밖의 재산상 이익을 제공하거나 제공의사를 표시하거나 제공을 약속하는 행위 등을 할 수 없다. ⇨ 5년 이하 징역 5천만원 이하 벌금에 처한다.

② 총회 의결을 거쳐 추진위원·조합임원 선출 ⇨ 선거관리를 선거관리위원회에 위탁할 수 있다.

04 추진위원·조합임원 결격사유**
▶ 당연퇴임

① 결격사유 : 제한능력자 ⇨ 파산자 ⇨ 금고 이상의 형을 선고받고 집행이 종료되거나 집행이 면제된 날부터 2년이 지나지 아니한 자 ⇨ 금고 이상의 형의 집행유예 중에 있는 자 ⇨ 이 법을 위반하여 벌금 100만 원 이상의 형을 선고받고 **10년**이 지나지 아니한 자는 추진위원·조합임원·전문조합관리인이 될 수 없다. ⇨ 조합임원이 결격사유에 해당하는 자, 조합임원이 임원 자격요건을 갖추지 못한 경우에는 **당연 퇴임**한다. ⇨ **퇴임 전**에 관여한 행위는 **효력을 잃지 아니한다**.

② 시장·군수 등이 전문조합관리인 선정한 경우 **전문조합관리인이 업무를 대행할 임원은 당연퇴임**한다.

05 조합설립인가의 동의요건**

재개발사업		토지등소유자의 **3/4** 이상 및 면적의 **1/2** 이상 동의 ⇨ **변경시 조합원의 2/3 이상**
재건축사업 주택단지	내	• 각 동별 구분소유자의 **과반수**의 동의 ⇨ **변경시 조합원의 2/3 이상** • 전체 구분소유자의 **3/4** 이상 + 면적의 **3/4** 이상의 동의
	외	소유자의 **3/4** 이상 + 면적의 **2/3** 이상의 동의

124 도시 및 주거환경정비법령상 조합설립추진위원회에 대한 설명으로 옳은 것은?

① 추진위원회는 토지등소유자 과반수의 동의를 얻어 추진위원장을 포함한 7명 이상의 추진위원으로 구성하며, 정비사업에 대하여 공공지원을 하려는 경우에는 추진위원회를 구성하지 아니할 수 있다.

② 추진위원회는 추진위원회를 대표하는 위원장 1명과 이사, 감사를 두어야 한다.

③ 조합정관의 변경, 시공자의 선정, 정비사업비의 조합원별 분담내역의 결정, 안전진단의 신청업무는 추진위원회가 수행하는 업무이다.

④ 추진위원회가 정비사업전문관리업자를 선정하려는 경우에는 시장·군수 등의 추진위원회 승인을 받은 후 경쟁입찰 또는 수의계약(2회 이상 경쟁입찰이 유찰된 경우로 한정한다)의 방법으로 선정하여야 한다.

⑤ 추진위원회는 사용경비를 기재한 회계장부 및 관계 서류를 조합설립인가일부터 20일 이내에 조합에 인계하여야 한다.

125 도시 및 주거환경정비법령상 조합설립인가를 받기 위한 동의에 관하여 (   )에 들어갈 내용을 바르게 나열한 것은?

> • 재개발사업의 추진위원회가 조합을 설립하려면 토지등소유자의 (㉠) 이상 및 토지면적의 (㉡) 이상의 토지소유자의 동의를 받아야 한다.
> • 재건축사업의 추진위원회가 조합을 설립하려는 경우 주택단지가 아닌 지역이 정비구역에 포함된 때에는 주택단지가 아닌 지역의 토지 또는 건축물 소유자의 (㉢) 이상 및 토지면적의 (㉣) 이상의 토지소유자의 동의를 받아야 한다.

① ㉠: 4분의 3, ㉡: 2분의 1, ㉢: 4분의 3, ㉣: 3분의 2
② ㉠: 4분의 3, ㉡: 3분의 1, ㉢: 4분의 3, ㉣: 2분의 1
③ ㉠: 4분의 3, ㉡: 2분의 1, ㉢: 3분의 2, ㉣: 2분의 1
④ ㉠: 2분의 1, ㉡: 3분의 1, ㉢: 2분의 1, ㉣: 3분의 2
⑤ ㉠: 2분의 1, ㉡: 3분의 1, ㉢: 4분의 3, ㉣: 2분의 1

06 **조합원** ▶ 재건축은 조합설립의무(O), 주거환경개선사업은 조합(×)

① 조합원은 토지등소유자 ⇨ **재건축사업은 재건축사업에 동의한 자에 한하여 조합원이 된다.**
② **토지등소유자가 재개발사업을 단독**으로 시행하려는 경우 조합을 설립하지 아니한다.

③ 공법상 사단법인 ⇨ 민법의 사단법인 규정 준용 ⇨ 인가 후 30일 이내 등기함으로써 성립한다.

④ 조합원 지위 양도 금지 : 투기과열지구에서 재건축사업 : 조합설립인가 후, **재개발사업 : 관리처분**
계획의 인가 후 건축물 또는 토지를 양수(상속·이혼은 제외)한 자는 조합원이 될 수 없다.

07 토지등소유자 동의방법

① 조합을 설립에 동의하는 경우, 정비구역의 해제에 동의하는 경우, 사업시행계획인가를 신청하는
경우에 대한 동의는 서면동의서에 토지등소유자가 성명을 적고 지장을 날인하는 방법으로 하며,
주민등록증, 여권 등 신원을 확인할 수 있는 신분증명서의 사본을 첨부 ⇨ 검인한 서면동의서를
사용하여야 하며, **검인을 받지 아니한 서면동의서는 그 효력이 발생하지 아니한다.**

② 주거환경개선사업, 재개발사업의 경우 토지등소유자의 동의는 다음의 기준에 따라 산정한다.

1. 1필지의 토지 또는 하나의 건축물을 여럿이서 **공유**할 때에는 그 여럿을 대표하는 **1인을 토지등소**
유자로 산정할 것
2. **토지에 지상권이 설정되어 있는 경우** 토지의 소유자와 해당 토지의 지상권자를 **대표하는 1인**을
토지등소유자로 산정할 것[재건축사업은 ②를 제외하고, 나머지는 동일한 방법]
3. 1인이 다수 필지의 토지 또는 다수의 건축물을 소유하고 있는 경우에는 필지나 건축물의 수에
관계없이 토지등소유자를 **1인으로 산정**할 것
4. 둘 이상의 토지 또는 건축물을 소유한 공유자가 동일한 경우에는 그 공유자 여럿을 대표하는
1인을 토지등소유자로 산정할 것

■ 핵심 예상 문제 126

126 도시 및 주거환경정비법상 재개발사업을 시행하기 위하여 조합을 설립하고 할 때 다음 표의 예
시에서 산정되는 토지등소유자의 수는?

지번	토지소유자	건축물소유자	지상권자
1	A	B	
2	C		D, E
3	A	A	
4	F	G	
5	H, I	H, I	
6	H, I	J	

① 4명 ② 5명

③ 7명 ④ 8명

⑤ 10명

08 총회 및 대의원회

✔ 조합에는 총회를 두어야 하며 조합원이 **100인 이상**인 조합은 **대의원회를 두어야 한다**.

✔ 대의원회는 조합원의 1/10 이상으로 하며 조합원의 1/10이 100인을 넘는 경우에는 조합원의 1/10 범위에서 100인 이상으로 구성할 수 있다.

09 조합임원★★

① 조합에는 다음의 요건을 갖춘 조합장 1명과, 이사, 감사를 임원으로 둔다. **조합장**은 선임일부터 **관리처분계획인가를 받을 때까지는** 해당 정비구역에서 **거주**(영업을 하는 자의 경우 영업을 말한다.)하여야 한다. ⇨ 이사의 수: 3명[100명 초과: 5명]이상, 감사의 수는 1명 이상 3명 이하

> 1. 정비구역에서 거주하고 있는 자로서 선임일 직전 3년 동안 정비구역 내 **거주 기간이 1년 이상**
> 2. 정비구역에 위치한 건축물 또는 토지(재건축사업:건축물과 그 부속토지)를 **5년 이상 소유**할 것

② **조합장** 또는 **이사**의 조합과의 계약이나 소송에 관하여는 **감사**가 조합을 대표한다.

③ 조합장이 아닌 조합의 임원**(이사, 감사)은 대의원이 될 수 없다**.

④ 조합임원은 다른 조합의 임원 또는 직원을 겸할 수 없다.

⑤ 조합임원의 임기는 **3년 이하의** 범위에서 정관으로 정하되, 연임할 수 있다.

⑥ 총회에서 의결을 하는 경우에는 조합원의 10/100이상이 직접 출석하여야 한다. 다만, 창립총회, 사업시행계획서의 작성 및 변경, 관리처분계획의 수립 및 변경, 정비사업비를 사용 및 변경을 위하여 의결하는 총회의 경우에는 조합원의 **20/100** 이상이 직접 출석하여야 한다.

⑦ 정관을 변경하기 위하여 조합원 3분의 2 이상의 동의 : 조합원의 **자격**에 관한 사항, 조합원의 제명 탈퇴 및 교체에 관한 사항, 조합의 **비용**부담 및 조합의 회계, 정비사업비의 부담 시기 및 절차, 정비구역의 위치 및 면적, 시공자·설계자의 선정 및 **계약서**에 포함될 내용

⑧ 표준정관 작성 : **시·도지사는 (국토교통부장관×)**은 표준정관을 작성하여 보급할 수 있다.

⑨ 총회만 권한행사

> 1. 정관의 변경에 관한 사항
> 2. 조합임원과 대의원의 선임 및 해임에 관한 사항, 조합장의 보궐 선임
> 3. 시공자·설계자·감정평가법인등의 선임
> 4. 조합의 합병 또는 해산 다만, 사업완료로 인한 해산의 경우는 제외한다.
> 5. 사업시행계획서, 관리처분계획의 수립 및 변경에 관한 사항
> 6. 정비사업비의 변경에 관한 사항

127 도시 및 주거환경정비법령상 조합임원 등에 관한 설명으로 옳은 것은?

① 조합임원의 임기는 5년 이하의 범위에서 정관으로 정하되, 연임할 수 있다.

② 조합원의 수가 100인 이상인 조합은 총회의 권한을 대행하게 하기 위하여 대의원회를 둘 수 있다.

③ 창립 총회, 사업시행계획서의 작성, 관리처분계획의 수립, 정비사업비의 사용 및 변경을 의결하는 총회에는 조합원의 100분의 10 이상이 직접 출석하여야 한다.

④ 조합임원은 조합의 대의원이 될 수 있으며, 조합장이 대의원회의 의장이 되는 경우에는 대의원으로 본다.

⑤ 조합장은 선임일부터 관리처분계획인가를 받을 때까지는 해당 정비구역에서 거주(영업을 하는 자의 경우 영업)하여야 한다.

⑥ 투기과열지구에서 재건축사업을 시행하는 경우에는 관리처분계획의 인가 후 해당 정비사업의 건축물 또는 토지를 양수(상속·이혼으로 인한 양도·양수의 경우는 제외한다)한 자는 조합원이 될 수 없다.

⑦ 정비사업조합은 조합은 조합설립의 인가를 받은 날부터 14일 이내에 주된 사무소의 소재지에서 등기함으로써 성립한다.

⑧ 조합원은 토지등소유자로 하고, 재개발사업은 재개발사업에 동의한 자에 한한다.

⑨ 조합임원이 결격사유에 해당하게 된 경우에는 당연 퇴임하며, 퇴임 전에 관여한 행위는 효력을 잃는다.

128 도시 및 주거환경정비법령상 조합이 정관의 기재사항을 변경하려고 할 때, 조합원 3분의 2 이상의 찬성을 받아야 하는 것을 모두 고른 것은?

> ㉠ 조합의 명칭 및 사무소의 소재지
> ㉡ 조합원의 자격에 관한 사항
> ㉢ 조합원의 제명·탈퇴 및 교체에 관한 사항
> ㉣ 정비사업비의 부담 시기 및 절차
> ㉤ 조합의 비용부담 및 조합의 회계
> ㉥ 시공자·설계자의 선정 및 계약서에 포함될 내용

① ㉠, ㉡, ㉢   ② ㉠, ㉣, ㉤   ③ ㉠, ㉡, ㉢, ㉣, ㉥

④ ㉡, ㉢, ㉣, ㉤, ㉥   ⑤ ㉠, ㉡, ㉢, ㉣, ㉤, ㉥

01 사업시행계획서 내용

▶ 분양이야기 하지마

① 토지이용계획(건축물배치계획을 포함한다), 폐기물의 처리계획
② 정비기반시설 및 공동이용시설의 설치계획, 건축물의 높이 및 용적률 등에 관한 건축계획
③ 임시거주시설을 포함한 주민이주대책, 세입자의 주거대책, 임대주택 건설계획[재건축은 제외]
④ 사업시행기간 동안 정비구역 내 가로등 설치, 폐쇄회로 텔레비전설치 등 범죄예방대책

02 사업시행계획인가여부 결정통보

시장·군수 등은 특별한 사유가 없으면 사업시행계획서의 제출이 있은 날부터 60일 이내에 인가 여부를 결정하여 사업시행자에게 통보하여야 한다. ⇨ 사업시행계획서를 작성시 14일 이상 공람
 ⇨ 경미한 사항을 변경하려는 때에는 시장·군수 등에게 신고하여야 하며, 신고를 받은 날부터 20일이내에 신고수리 여부를 신고인에게 통지하여야 한다.

03 교육감 또는 교육장과 협의

▶ 100m[×]

정비구역으로부터 200미터 이내에 교육시설이 설치 ⇨ 교육감 또는 교육장과 협의하여야 한다.

04 사업시행계획인가 동의요건

토지등소유자가 재개발사업을 시행 : 토지등소유자의 3/4 이상 및 토지면적의 1/2이상의 토지소유자의 동의를 받아야 한다. 다만, 변경시에는 토지등소유자의 과반수의 동의를 받아야 한다.

05 정비사업비 예치*

▶ 재건축사업[×]

① 재개발사업의 사업시행계획인가를 하려는 경우 정비사업의 시행자가 지정개발자인 때에는 정비사업비 100분의 20 범위에서 시·도 조례가 정하는 금액을 예치하게 할 수 있다.
② 예치금 반환 : 청산금 지급이 완료된 때에 반환한다.

06 사업시행계획인가고시의 효과*

① 사업시행계획인가고시의 효과 ⇨ 사업인정고시 의제 ⇨ 공취법을 준용한다.
② 재결신청 ⇨ 사업시행기간내 ⇨ 현물보상의 특례 ⇨ 준공인가 이후

129 도시 및 주거환경정비법령상 사업시행계획인가에 관한 설명 중 옳은 것은?

① 사업시행계획서에는 재건축사업의 임대주택건설계획, 조합원이 아닌 일반분양대상자에 대한 입주대책, 기존주택의 철거계획이 포함된다.

② 시장·군수 등은 사업시행계획인가를 하려는 경우 정비구역으로부터 100미터 이내에 교육시설이 설치되어 있는 때에는 교육감 또는 교육장과 협의하여야 한다.

③ 재개발사업을 토지등소유자가 시행하려는 경우에는 사업시행계획인가를 신청하기 전에 사업시행계획서에 대하여 토지등소유자의 3/4 이상의 동의를 받아야 한다.

④ 시장·군수 등은 재건축사업의 사업시행계획인가를 하려는 경우 해당 정비사업의 사업시행자가 지정개발자인 때에는 정비사업비의 20/100 범위에서 조례가 정하는 금액을 예치하게 할 수 있다.

⑤ 시장·군수 등은 특별한 사유가 없으면 사업시행계획서의 제출이 있는 날부터 60일 이내에 인가 여부를 결정하여 사업시행자에게 통보하여야 한다.

---

07 임시거주시설 및 임시상가★   ▶ 재건축사업[×]

사업시행자는 **주거환경개선사업 및 재개발사업**의 시행으로 철거되는 주택의 소유자 또는 세입자에게 임대주택 등의 시설에 임시로 거주하게 하거나 주택자금의 융자알선 등 임시거주에 상응하는 조치를 **하여야 한다**.   ▶ 매매, 확정, 사용허가를 한 경우 거절 가능

① 국·공유지 등의 무상사용 : 국가·지방자치단체 ⇨ 사용료·대부료를 면제(30일 이내 원상회복)

② 공공단체 또는 개인 ⇨ 토지를 일시 사용함 ⇨ 손실을 받은 자가 있는 경우 ⇨ 손실보상

③ **재개발사업** ⇨ **상가세입자에게** ⇨ **임시상가를 설치할 수 있다**.   ▶ 상가소유자[×]

08 순환정비방식   ▶ 주거환경개선사업, 재개발사업, 재건축사업

사업시행자는 철거되는 주택의 소유자 또는 세입자가 임시로 거주하게 하는 등의 방식으로 그 정비구역을 순차적으로 정비하는 등 주택의 소유자 또는 세입자의 이주대책을 수립하여야 한다.

09 매도청구★

① **재건축사업의** 건축물 또는 토지만 소유한 자에게 **매도청구할 수 있다**.

② **재건축사업의** 조합설립의 동의를 하지 아니한 자, 시장·군수등 또는 토지주택공사 등의 사업시행자 지정에 동의를 하지 아니한 자 ⇨ 사업시행자는 사업시행계획인가의 고시가 있은 날부터 30일 이내에 조합설립 또는 사업시행자의 지정에 관한 동의 여부를 회답할 것을 서면으로 촉구 ⇨ 2개월 이내에 회답 ⇨ 2개월 이내에 회답하지 아니한 경우 ⇨ 동의하지 아니하겠다는 뜻을 회답한 것으로 본다. ⇨ 2개월 이내에 매도할 것을 청구할 수 있다.

130 도시 및 주거환경정비법령상 임시거주시설 및 임시상가에 관한 설명 중 틀린 것은?

① 주거환경개선사업 및 재개발사업의 시행자는 철거되는 주택의 소유자 또는 세입자에 대하여 임대주택 등의 시설에 임시로 거주하게 하거나 주택자금의 융자알선 등 임시거주에 상응하는 조치를 하여야 한다.

② 사업시행자가 재개발사업의 시행으로 철거되는 주택의 소유자 등을 위해 국가의 시설을 임시거주시설로 사용하는 경우 그 사용료는 면제된다.

③ 지방자치단체는 사업시행자로부터 임시거주시설에 필요한 토지의 사용신청을 받은 때에는 제3자와 이미 매매계약을 체결한 경우에는 사용을 거절할 수 있다.

④ 사업시행자는 공공단체 또는 개인의 시설이나 토지를 일시 사용함으로써 손실을 입은 자가 있는 경우에는 그 손실을 보상하여야 한다.

⑤ 재개발사업의 사업시행자는 사업시행으로 이주하는 상가소유자가 사용할 수 있도록 정비구역 또는 정비구역의 인근에 임시상가를 설치할 수 있다.

---

10 **계약해지**★　　　　　　　　　　　　　▶ 구상이 안되면 저당권을 설정할 수 있다.[×]

① 관리처분계획인가를 받은 경우 지상권·전세권 설정계약 또는 임대차계약의 계약기간에 대하여는 민법, 주택임대차보호법, 상가임대차보호법을 적용하지 아니한다.

② 지상권·전세권 또는 임차권의 설정 목적을 달성할 수 없는 때 ⇨ 계약 해지 ⇨ 보증금등 금전의 반환청구권은 사업시행자에게 행사 ⇨ 토지등소유자에게 구상 ⇨ 구상이 되지 아니하는 때 ⇨ 대지 또는 건축물을 압류(저당권과 동일한 효력)할 수 있다.

11 **주거환경개선사업의 특례**★　　　　　　　▶ 국민주택채권을 매입한다.[×]

① 주거환경개선사업은 국민주택채권의 매입에 관한 규정은 적용하지 아니한다.

② **환**지방식, **자**력개량방법 ⇨ **제2종** 일반주거지역으로 본다.　　　▶ 환자 2명 일반 병실

③ **관**리처분방법, **수**용방식 ⇨ **제3종** 일반주거지역으로 본다. 다만, 공공지원민간임대주택 또는 공공건설임대주택을 200세대 이상 공급하려는 경우로서 해당 임대주택의 건설지역을 포함하여 정비계획에서 따로 정하는 구역은 준주거지역으로 한다.

131 **도시 및 주거환경정비법령상 정비사업시행을 위한 조치에 대한 설명으로 틀린 것은?**

① 정비사업의 시행으로 지상권 등의 설정목적을 달성할 수 없는 때에는 그 권리자는 계약을 해지할 수 있다.

② 금전의 반환청구권의 행사에 따라 금전을 지급한 사업시행자는 해당 토지등소유자에게 구상할 수 있고, 사업시행자는 구상이 되지 아니하는 때에는 토지등소유자에게 귀속될 대지 또는 건축물을 압류할 수 있다.

③ 주거환경개선사업이 자력개량방법 또는 환지방법으로 시행되는 경우에는 제2종 전용주거지역으로 결정·고시된 것으로 본다.

④ 주거환경개선사업에 따른 건축허가를 받은 때와 부동산등기를 하는 때에는 국민주택채권의 매입에 관한 규정을 적용하지 아니한다.

⑤ 재개발사업의 사업시행계획인가의 고시가 있은 때에는 공익사업을 위한 토지 등의 취득 및 보상에 관한 법률에 의한 사업인정 및 그 고시가 있는 것으로 본다.

01 분양통지·공고
▶60일 [×]

사업시행자는 사업시행계획인가의 고시가 있은 날부터 **120일 이내**에 분양대상자별 종전의 토지 또는 건축물의 명세 및 사업시행계획인가의 고시가 있은 날을 기준으로 한 가격, 분양대상자별 분담금의 추산액, 분양신청기간을 토지등소유자에게 통지하고, 일간신문에 공고하여야 한다. 다만, 토지등소유자 1인이 시행하는 재개발사업의 경우에는 그러하지 아니하다.

02 분양신청기간
▶ 사업시행계획인가의 고시가 있은 날부터 [×]

시행자가 소유자에게 통지한 날부터 30~60일 이내(20일 연장)에 분양신청을 하여야 한다.

03 분양신청제한
▶3년 [×]

투기과열지구의 정비사업에서 **분양대상자 선정일부터 5년 이내**에는 투기과열지구에서 **분양신청을 할 수 없다**. 다만, 상속, 결혼, 이혼으로 조합원자격을 취득한 경우에는 분양신청을 할 수 있다.

04 손실보상에 관한 협의
▶150일 [×]

① 손실보상에 관한 협의 : 사업시행자는 관리처분계획이 인가·고시된 다음 날부터 90일 이내에 다음에 정하는 자와 토지, 건축물 또는 그 밖의 권리의 **손실보상에 관한 협의**를 하여야 한다.

> 1. 분양신청을 하지 아니한 자
> 2. 분양신청기간 종료 이전에 분양신청을 철회한 자
> 3. 분양대상자 선정일부터 5년 이내에는 투기과열지구에따라 분양신청을 할 수 없는 자
> 4. 인가된 관리처분계획에 따라 분양대상에서 제외된 자

② 재결신청 또는 매도청구소송 제기 : 사업시행자는 협의가 성립되지 아니하면 그[협의] 기간의 **만료일 다음 날부터 60일 이내**에 수용재결을 신청하거나 **매도청구소송을 제기**하여야 한다.

05 관리처분계획

① 사업시행자는 분양신청기간이 종료된 때에는 분양신청의 현황을 기초로 관리처분계획을 수립하여 시장·군수의 **인가**(변경·중지·폐지도 인가)를 받아야 한다.

② 관리처분계획의 내용(조합은 총회 개최일 1개월 전에 ⓒ,ⓔ,ⓜ,ⓗ을 조합원에게 문서로 통지)
  ㉠ 분양설계(분양신청기간이 만료되는 날을 기준)
  ㉡ 분양대상자의 주소 및 성명, 종전의 토지 또는 건축물의 소유권 외의 권리명세
  ㉢ 분양대상자별 분양예정인 대지 또는 건축물의 추산액(새집)
  ㉣ 일반 분양분, 공공지원민간임대주택 등에 해당하는 보류지 등의 명세와 추산액 및 처분방법

⑰ 분양대상자별 종전 토지 또는 건축물의 명세 및 사업시행계획인가의 고시가 있은 날을 기준으로 한 가격(헌집)

ⓗ 정비사업비의 추산액(재건축 부담금에 관한 사항을 포함한다) 및 조합원 분담규모 및 분담시기(부담)

ⓢ 세입자별 손실보상을 위한 권리명세 및 그 평가액

132 도시 및 주거환경정비법령상 관리처분계획에 포함되어야 할 사항에 해당하지 않는 것은? (단, 조례는 고려하지 않음)

① 분양대상자별 분양예정인 대지 또는 건축물의 추산액(임대관리 위탁주택에 관한 내용을 포함한다)

② 분양대상자의 종전 토지 또는 건축물에 관한 소유권 외의 권리명세

③ 정비사업비의 추산액(재건축사업의 경우에는 「재건축초과이익 환수에 관한 법률」에 따른 재건축부담금에 관한 사항을 포함하지 아니한다) 및 그에 따른 조합원 분담규모 및 분담시기

④ 세입자별 손실보상을 위한 권리명세 및 그 평가액

⑤ 정비사업의 시행으로 인하여 새롭게 설치되는 정비기반시설의 명세와 용도가 폐지되는 정비기반시설의 명세

---

06 관리처분계획의 작성기준★★

작성기준(면적·이용상황·환경 그 밖의 사항을 종합적으로 고려한다)

① 너무 좁은 토지 또는 건축물이나 정비구역 지정 후 분할된 토지를 취득한 자는 현금으로 청산할 수 있다. 분양설계(분양신청기간이 만료되는 날을 기준)

② 주택의 공급방법

1. 원칙 : 1세대 또는 1인이 하나 이상의 주택 또는 토지를 소유한 경우 **1주택**을 공급하고, 2인 이상이 1주택 또는 1토지를 공유한 경우에는 1주택만 공급한다. 2인 이상이 **1토지**를 **공유**한 경우에는 시·도 **조례**로 정하는 바에 따라 주택을 공급할 수 있다.

2. 예외 : 2주택 공급 ⇨ 사업시행계획인가의 고시가 있는 날을 기준으로 한 가격 또는 종전 주택의 주거전용면적의 범위에서 2주택을 공급할 수 있고 이 중 1주택은 주거전용면적을 60m²이하로 한다. 이전고시일 다음 날부터 3년이 지나기 전에는 주택을 전매(상속은 제외)하거나 이의 전매를 알선할 수 없다.

3. 예외 : 3주택까지 공급 ⇨ **과밀억제권역에 위치한 재건축사업**의 경우에는 토지등소유자가 소유한 주택수의 범위에서 **3주택 까지 공급할 수 있다**. 다만, 투기과열지구 또는 조정대상지역에서 사업시행계획인가를 신청하는 재건축사업의 경우에는 그러하지 아니하다.

4. 예외 : 다음의 토지등소유자에 대하여는 소유한 주택 **수만큼 공급**할 수 있다.

    ㉠ **과밀억제권역에 위치하지 아니하는 재건축사업의 토지등소유자**, 다만, 투기과열지구 또는 조정대상지역에서 사업시행계획인가(최초 사업시행계획인가를 말한다)를 신청하는 재건축사업의 토지등소유자는 제외한다. 단, 과밀억제권역 외의 조정대상지역 또는 투기과열지구에서 조정대상지역 또는 투기과열지구로 지정되기 전에 1명의 토지등소유자로부터 토지 또는 건축물의 소유권을 양수하여 여러 명이 소유하게 된 경우에는 양도인과 양수인에게 각각 1주택을 공급할 수 있다.

    ㉡ 근로자 숙소, 기숙사 용도로 주택을 소유하고 있는 토지등소유자

    ㉢ 국가, 지방자치단체 및 토지주택공사등

07 관리처분계획인가 · 고시의 효과

관리처분계획인가 · 고시가 있는 때는 종전의 토지 · 건축물의 소유자 · 지상권자 · 전세권자 · 임차권자 등 권리자는 소유권 이전의 고시가 있는 날까지 종전의 토지 또는 건축물에 대하여 이를 사용하거나 수익할 수 없다. 다만, 사업시행자의 동의를 받거나 손실보상이 완료되지 아니한 권리자의 경우에는 사용하거나 수익할 수 있다.

핵심 예상 문제 133

133 도시 및 주거환경정비법상 관리처분계획에 따른 주택의 공급기준에 관한 설명 중 틀린 것은?

    ① 같은 세대에 속하지 아니하는 2인 이상이 1주택 또는 1토지를 공유한 경우에는 1주택을 공급한다.

    ② 2인 이상이 1토지를 공유한 경우로서 시 · 도 조례로 주택공급에 관하여 따로 정하고 있는 경우에는 시 · 도 조례가 정하는 바에 따라 주택을 공급할 수 있다.

    ③ 투기과열지구 또는 조정대상지역이 아닌 수도권정비계획법의 과밀억제권역에 위치하지 아니하는 재건축사업의 경우에는 1세대가 수개의 주택을 소유한 경우에는 소유한 주택의 수만큼 공급할 수 있다.

    ④ 투기과열지구 또는 조정대상지역이 아닌 과밀억제권역에 위치하는 재건축사업은 1세대가 수개의 주택을 소유하면 소유한 주택의 수만큼 공급할 수 있다.

    ⑤ 재개발사업은 사업시행계획인가의 고시가 있는 날을 기준으로 한 가격 또는 종전 주택의 주거전용면적의 범위에서 2주택을 공급할 수 있다.

08 준공인가 · 등기   ▶14일이내 등기 〔×〕

① 시장 · 군수 등이 아닌 사업시행자 : 준공인가 신청을 받은 시장 · 군수 등의 준공검사 실시 ⇨ 준공인가 ⇨ 공사완료 고시(공보) ⇨ 효과 : 소유권 이전고시일 **다음날 소유권 취득**

② 정비구역의 지정은 준공인가의 고시가 있는 날(관리처분계획을 수립하는 경우에는 이전고시가 있은 때를 말한다)**의 다음 날에 해제된 것으로 본다**.

    ⇨ **정비구역의 해제는 조합의 존속에 영향을 주지 아니한다**.

③ 소유권 이전의 고시가 있는 때 : 지체 없이 등기 ⇨ 등기가 있을 때까지는 다른 등기 못한다.

① 원칙 : 일괄징수, 일괄교부 ⇨ 예외 : 사업시행자는 정관 등에서 분할징수 및 분할지급에 대하여 정하고 있거나 총회의 의결을 거쳐 따로 정한 경우에는 관리처분계획인가 후부터 이전고시가 있는 날까지 일정기간별로 **분할징수하거나 분할지급할 수 있다**.

② 강제징수 : 시장·군수 등인 사업시행자는 청산금을 납부할 자가 이를 납부하지 아니하는 경우 지방세체납처분의 예에 따라 징수(분할징수를 포함)할 수 있으며, 시장·군수 등이 아닌 사업시행자는 시장·군수 등에게 청산금의 징수를 위탁할 수 있다(수수료 4%).

③ 청산금의 소멸시효 : 청산금을 지급 받을 권리 또는 이를 징수할 권리는 이전의 고시일 **다음 날부터 5년** 간 이를 행사하지 아니하면 **소멸한다**.

④ 저당권의 물상대위 : 정비구역에 있는 토지 또는 건축물에 저당권을 설정한 권리자는 저당권이 설정된 토지 또는 건축물의 소유자가 지급받을 청산금에 대하여 청산금을 지급하기 전에 압류절차를 거쳐 저당권을 행사할 수 있다.

■ 핵심 예상 문제 134

134 도시 및 주거환경정비법령상 청산금에 관한 설명으로 틀린 것은?

① 총회의 의결을 거쳐 따로 정한 경우에는 관리처분계획인가 후부터 이전고시가 있는 날까지 청산금을 분할징수하거나 분할지급할 수 있다.

② 종전에 소유하고 있던 토지의 가격과 분양받은 대지의 가격은 그 토지의 규모·위치·용도·이용상황·정비사업비 등을 참작하여 평가하여야 한다.

③ 청산금을 납부할 자가 납부하지 아니하는 경우에는 시장·군수등인 사업시행자는 지방세체납처분의 예에 따라 징수할 수 있고, 시장·군수등이 아닌 사업시행자는 시장·군수 등에게 청산금의 징수를 위탁할 수 있다.

④ 청산금을 지급받을 권리는 소유권 이전고시일부터 5년간 이를 행사하지 아니하면 소멸한다.

⑤ 정비사업의 시행지역 안에 있는 건축물에 저당권을 설정한 권리자는 그 건축물의 소유자가 지급받을 청산금에 대하여 청산금을 지급하기 전에 압류절차를 거쳐 저당권을 행사할 수 있다.

06 농지법

01 농지소유제한★★ [제17,19,21,23,26,28,29,33회]

원 칙	농지는 자기의 농업경영에 이용하거나 이용할 자가 아니면 이를 소유하지 못한다.		
예 외	자기의 농업경영에 이용하지 아니할지라도 소유할 수 있다. 다만, 소유농지는 농업경영에 이용되도록 하여야 한다. ②는 제외한다. ① 국가 또는 지방자치단체 ⇨ ② 시험지 · 연구지 · 실습지, 주말 · 체험영농 ⇨ ③ 상속 ⇨ ④ 8년 이상 농업경영을 하던 자가 이농 ⇨ ⑤ 담보농지 ⇨ ⑥ 농지전용허가, 농지전용신고, 농지전용협의 ⇨ ⑦ 수용, 공유수면매립농지를 취득하여 소유하는 경우		
특례제한	농지법에서 허용된 경우를 제외하고는 농지의 소유에 관한 특례를 정할 수 없다.		
농업인	① 농지 : 법적 지목불문하고 실제 이용현황으로 판단한다.[잡종지 : 3년 미만 농지(×)] ② **1,000m² 이상**의 농지에서 농사, 1년 중 **90일** 이상 농업에 종사하는 자, **330m² 이상**의 고정식온실 · 버섯재배사 · 비닐하우스, 대가축 2두, 중가축 10두, 소가축 100두, 가금 1천수 또는 꿀벌 10군 이상을 사육하거나 1년 중 **120일** 이상 축산업에 종사하는 자, 농업경영을 통한 농산물의 연간 판매액이 **120만원** 이상인 자		
상 속	농업경영을 하는 자	**무제한(농업인, 농업법인, 국가, 지자체는 무제한)**	
	농업경영을 하지 아니하는 자	**10.000**m² 이내	한국농어촌공사에 위탁하여 임대하거나 무상사용하게 하는 경우에는 그 기간 동안 계속 소유할 수 있다.
이 농	8년 이상 농업경영 후 이농한 자	**10.000**m² 이내	
주말농장	세대원 전부 소유하는 총면적 [농업진흥지역 외의 지역]	**1.000**m² 미만	

핵심 예상 문제 135

135 농지법령상 농업에 종사하는 개인으로서 농업인에 해당하지 않는 자는?

① 1년 중 100일을 축산업에 종사하는 자

② 900m²의 농지에서 다년생식물을 재배하면서 1년 중 100일을 농업에 종사하는 자

③ 대가축 2두, 중가축 10두, 소가축 100두, 가금 1천수 또는 꿀벌 10군 이상을 사육하는 자

④ 농지에 330m² 이상의 고정식온실 · 버섯재배사 · 비닐하우스등에 농작물을 경작하는 자

⑤ 농업경영을 통한 농산물 연간 판매액이 150만원인 자

136 농지법령상 용어에 관한 설명으로 틀린 것은?

① 실제로 농작물 경작지로 이용되는 기간이 6개월인 지목이 전(田)인 토지는 농지에 해당한다.

② 농작물의 경작에 이용되고 있는 토지에 설치한 농막부지는 농지이고, 초지법에 따라 조성된 초지는 농지가 아니다.

③ 주말·체험영농이란 농업인이 아닌 개인이 주말 등을 이용하여 취미생활이나 여가활동으로 농작물을 경작하거나 다년생식물을 재배하는 것을 말한다.

④ 농업법인이란 영농조합법인과 업무집행권을 가진 자 중 1/5 이상이 농업인인 농업회사법인을 말한다.

⑤ 위탁경영은 농지의 소유자가 타인에게 일정한 보수를 지급하기로 약정하고 농작업의 전부 또는 일부를 위탁하여 행하는 농업경영을 말한다.

137 농지법령상 농지의 소유에 관한 설명으로 틀린 것은?

① 8년 이상 농업경영을 한 후 이농한 자는 이농 당시 소유농지 중에서 $10,000m^2$ 이내까지 소유할 수 있다.

② 농업인이나 농업법인은 농업경영목적으로 농업진흥지역의 농지를 제한 없이 소유할 수 있다.

③ 상속에 따라 농지를 취득한 자로서 농업경영을 하지 아니하는 자는 그 상속농지 중에서 $10,000m^2$ 이내까지 소유할 수 있다.

④ 국가나 지방자치단체가 농지를 임대할 목적으로 소유하는 경우에는 총 5만m^2까지만 소유할 수 있다.

⑤ 농지 소유 제한이나 농지 소유 상한을 위반하여 농지를 소유할 목적으로 거짓이나 그 밖의 부정한 방법으로 농지취득자격증명을 발급받은 자는 5년 이하의 징역 또는 해당 토지의 개별공시지가에 따른 토지가액에 해당하는 금액 이하의 벌금에 처한다.

발급대상	① 원 칙 : **농업인**, **농업법인**, 매매, 경매, 증여 등 **농지취득자격증명을 발급대상**
	② 예 외(농지취득자격증명을 발급받지 아니하고 농지 취득):
	  ㉠ 국가 또는 지방자치단체, ㉡ 상속, ㉢ 담보농지, ㉣ **농지전용협의**, ㉤ 한국농어촌
	  공사 ⇨ 공유수면매립농지 ⇨ 수용, ㉥ **농업법인의 합병**, ㉦ 공유농지의 분할, ㉧ 시효
	  의 완성

발급신청	① 시·구·읍·면의 장은 농지취득자격증명의 발급 신청을 받은 때에는 그 신청을 받은
	  날부터 **7일**(농업경영계획서를 작성하지 아니하고 농지취득자격증명의 발급신청을 할
	  수 있는 경우에는 **4일**, 농지위원회의 **심의 대상의 경우에는 14일**) 이내에 신청인에게
	  발급하여야 한다.
	② 농업경영계획서작성은 면제 ⇨ **농지취득자격증명을 발급**(4일 내 통지)
	  ㉠ **농지전용허가·농지전용신고**한 자가 농지를 소유한 경우
	  ㉡ 학교·공공단체 등 시험·연구·**실습지** ⇨ 평균경사율이 15% 이상인 농지(영농여
	   건 불리농지) ⇨ 개발사업지구안의 1,500m² 미만의 농지 ⇨ 비축농지
	③ **주말·체험영농**을 하고자 농지를 소유하는 경우에는 주말·체험영농계획서를 작성하고
	  시·구·읍·면의 장에게 농지취득자격증명의 발급신청을 하여야 한다.

■ 핵심 예상 문제 138

138 농지법령상 농지취득자격증명을 발급받지 않고 농지를 취득할 수 있는 것은?

① 농업법인이 농지를 취득하여 소유하는 경우

② 농업법인의 합병으로 농지를 취득하여 소유하는 경우

③ 주말·체험영농을 하고자 농지를 취득하여 소유하는 경우

④ 농지전용허가를 받거나 농지전용신고를 한 자가 농지를 취득하여 소유하는 경우

⑤ 학교, 농림축산식품부령이 정하는 공공단체 등이 시험지·연구지·실습지, 과수 인공수
  분용 꽃가루로 쓰기 위하여 농지를 취득하여 소유하는 경우

03 농지 등의 처분사유★ [제22,25,26회]

처분사유	처분사유 : 농지의 소유자가 다음에 해당하게 된 때에는 그 사유가 발생한 날부터 1년 이내에 해당 농지를 처분하여야 한다. 1. 소유 농지를 **자연재해·농지개량·질병·공직취임·징집 등** 정당한 사유 없이 자기의 농업경영에 이용하지 아니하거나 이용하지 아니하게 되었다고 시장·군수·구청장이 인정 2. 농지를 소유하고 있는 농업회사법인이 요건에 맞지 아니하게 된 후 3개월이 지난 경우 3. 주말·체험영농목적으로 농지를 취득한 자가 **자연재해·농지개량·질병·공직취임·징집 등** 정당한 사유 없이 그 농지를 주말·체험영농에 이용하지 아니하게 되었다고 시장·군수 또는 구청장이 인정한 경우 4. 농지전용허가, 농지전용신고를 한 자가 농지를 취득한 자가 취득한 날부터 **2년** 이내에 그 목적사업에 착수하지 아니한 경우[정당한 사유를 인정 안한다.] 5. 농지 소유 상한을 초과하여 농지를 소유한 것이 판명된 경우**(초과부분에 한함)**
처분통지	시장·군수 또는 구청장은 처분의무가 생긴 농지의 소유자에게 처분대상농지·처분의무기간 등을 명시하여 해당농지를 처분하여야 함을 통지하여야 한다.
처분명령	시장·군수·구청장은 처분의무기간 내에 처분대상농지를 처분하지 아니한 농지의 소유자에 대하여는 **6개월** 이내에 해당 농지를 처분할 것을 명할 수 있다.
처분명령 유예	시장·군수 또는 구청장은 처분의무기간 내에 처분대상농지를 처분하지 아니한 농지의 소유자가 해당 농지를 자기의 농업경영에 이용하는 경우, 한국농어촌공사 등과 해당 농지의 매도위탁계약을 체결한 경우에는 처분의무기간이 지난 때부터 **3년간 처분명령을 직권으로 유예**할 수 있다.
매수청구	농지의 소유자는 처분명령을 받은 때에는 **한국농어촌공사**에게 해당 농지의 매수를 청구할 수 있다. 한국농어촌공사는 매수청구를 받으면 **공시지가를 기준**으로 해당 농지를 매수할 수 있다. 이 경우 인근 지역의 실제 거래 가격이 공시지가보다 낮으면 **실제 거래 가격을 기준으로 매수**할 수 있다.

04 이행강제금★ [제20,22,28회]

① 이행강제금의 부과 : 시장·군수 또는 구청장은 처분명령을 받은 후 정당한 사유없이 지정기간 까지 **처분명령의 이행을 하지 아니한 자**, 원상회복 명령의 이행에 필요한 상당한 기간을 정하였음에도 그 기한까지 **원상회복을 아니한 자**에게 해당 농지의 감정평가법인등이 감정평가한 **감정가격** 또는 **개별공시지가**(해당 토지의 개별공시지가가 없는 경우에는 표준지공시지가를 기준으로 산정한 금액을 말한다) 중 **더 높은 가액의 100분의 25**에 해당하는 이행강제금을 부과한다.

② 사전계고 : 이행강제금을 부과하기전에 이행강제금을 부과·징수한다는 뜻을 미리 문서로써 계고

③ 요식행위 : 이행강제금의 금액, 부과사유, 이의제기기관 등을 명시한 문서로써 하여야 한다.

④ 반복 부과징수 : 처분명령이 이행될 때까지 이행강제금을 **매년 1회** 부과·징수할 수 있다.

⑤ 부과의 중지 : 시장·군수 또는 구청장은 처분명령을 받은 자가 처분명령을 이행하는 경우에는 새로운 이행강제금의 부과는 즉시 중지하되, 이미 부과된 이행강제금은 이를 징수하여야 한다.

⑥ 이의제기 : 처분의 고지를 받은 날부터 30일 이내에 시장·군수·구청장에게 이의를 제기할 수 있다.

⑦ 재판절차 : 비송사건절차법에 따른 과태료의 재판에 준하여 재판을 한다.

⑧ 강제징수 : 납부하지 아니한 때에는 지방행정제재·부과금의 징수 등에 관한 법률에 따라 징수한다.

05 위탁경영 [제25,27,29,30회]

① 대리경작기간 : 따로 정함이 없는 한 3년으로 한다.

② 토지사용료 : 대리경작자는 수확량의 10/100을 수확 후 2개월 내에 해당 농지의 소유권 또는 임차권을 가진 자에게 토지사용료로 지급하여야 한다.

③ 위탁경영[제25,27,29,30회]: 농지 소유자는 다음에 경우에는 소유 농지를 위탁경영할 수 있다.

> 1. 병역법에 따라 징집 또는 소집된 경우
> 2. 3개월 이상의 국외 여행 중인 경우
> 3. 농업법인이 청산 중인 경우
> 4. 질병, 취학, 선거에 따른 공직 취임, 그 밖에 다음의 사유로 자경할 수 없는 경우
>   ① 부상으로 3개월 이상의 치료가 필요한 경우
>   ② 교도소·구치소 또는 보호감호시설에 수용 중인 경우
>   ③ 임신 중이거나 분만 후 6개월 미만인 경우
> 5. 농지이용증진사업시행계획에 따라 위탁경영하는 경우
> 6. 농업인이 자기 노동력[벼·과수의 재배 등 1/3 이상]이 부족하여 농작업의 일부를 위탁하는 경우

■ 핵심 예상 문제 139

139 농지법령상 농지 소유자가 소유 농지를 위탁경영할 수 없는 경우는?

① 병역법에 따라 현역으로 징집된 경우

② 6개월간 미국을 여행 중인 경우

③ 선거에 따른 지방의회의원 취임으로 자경할 수 없는 경우

④ 농업법인이 청산 중인 경우

⑤ 교통사고로 2개월간 치료가 필요한 경우

06 **임대차 · 사용대차**★ [제24,27,31회]

① 임대차 기간은 **3년 이상**(자경농지를 **이모작[8개월 이내]**을 위하여 임대하거나 무상사용하게 하는 경우는 제외한다)으로 하여야 한다. 다만, **다년생식물** 재배지 등 대통령령으로 정하는 농지(**고정식 온실 또는 비닐하우스**)의 경우에는 **5년** 이상으로 하여야 한다.

② 임대차 기간을 정하지 아니하거나 3년(다년생식물 재배지 등의 경우에는 5년)보다 짧은 경우에는 3년(다년생식물 재배지 등의 경우에는 5년)으로 약정된 것으로 본다.

■ **핵심 예상 문제 140** ■

140 농지법령상 조문의 일부이다. 다음의 (   )에 들어갈 내용으로 옳은 것은?

> • 농지의 소유자는 시장 · 군수 또는 구청장으로부터 농지처분명령을 받으면 (㉠)에 그 농지의 매수를 청구할 수 있으며, 매수청구를 받으면 (㉡)를 기준으로 해당 농지를 매수할 수 있다.
> • 군수는 처분명령을 받은 후 정당한 사유 없이 지정기간까지 그 처분명령을 이행하지 아니한 자에게 감정평가법인등이 감정평가한 감정가격 또는 부동산 가격공시에 관한 법률에 따른 개별공시지가 중 더 높은 가액의 100분의 (㉢)에 해당하는 이행강제금을 부과한다.
> • 유휴농지의 대리경작자는 수확량의 100분의 (㉣)을 수확 후 2개월 이내 그 농지의 소유권자나 임차권자에게 토지사용료로 지급하여야 한다.
> • 농지의 임대차 기간은 (㉤)년 이상(자경농지를 이모작을 위하여 임대하거나 무상사용하게 하는 경우는 제외한다)으로 하여야 한다. 다만, 다년생식물 재배지등 대통령령으로 정하는 농지[고정식온실 또는 비닐하우스]의 경우에는 5년 이상으로 하여야 한다.

	㉠	㉡	㉢	㉣	㉤
①	한국농어촌공사	감정가격	20	10	3
②	한국농어촌공사	공시지가	25	10	3
③	한국토지주택공사	공시지가	30	20	2
④	한국농어촌공사	시가	20	30	3
⑤	시장 · 군수 · 구청장	감정가격	25	10	5

01 농업진흥지역★★ [제13,17,18,21,31회]

목 적	**시 · 도지사**는 농지를 효율적으로 이용 · 보전하기 위하여 지정 ⇨ 농림축산식품부장관의 승인 ⇨ 농장 승인시에 녹지지역, 계획관리지역을 포함시 국토교통부장관과 협의
대 상	**녹지지역(특별시 녹지지역은 제외) · 관리지역 · 농림지역 · 자연환경보전지역**
농업진흥구역	농지가 **집단화**되어 농업목적으로 이용하는 것이 필요한 지역
농업보호구역	농업진흥구역의 용**수**원 확보, **수**질보전 **농업환경**을 **보호**하기 위해 필요한 지역

02 농업진흥지역의 행위제한

① 1필지의 토지가 농업진흥구역과 농업보호구역에 걸치는 경우에는 농업진흥구역에 속하는 토지 부분이 **330m² 이하**인 때에는 해당 토지 부분에 대하여 행위제한은 **농업보호구역에 관한규정을 적용한다**.(330m² 초과하면 각각)

② 1필지의 토지 중 일부가 농업진흥지역에 걸치는 경우로서 농업진흥지역에 속하는 토지의 면적이 **330m² 이하**인 때에는 해당 토지 부분에 대하여는 **농업진흥지역의 행위제한**에 관한 규정을 **적용하지 아니한다**.(330m² 초과하면 각각)

③ 농업진흥구역 : 농수산물의 가공 · 처리 시설의 설치 및 농수산업 관련 시험 · 연구 시설의 설치, 어린이놀이터, 마을회관 등 농업인의 공동생활에 필요한 편의시설을 설치 할 수 있다.

④ 농업보호구역 : 농업진흥구역에서 허용되는 행위는 농업보호구역에서도 허용된다.
   ㉠ 관광농원사업(2만m² 미만), 주말농원사업(3천m² 미만), 태양에너지 발전설비(1만m² 미만)
   ㉡ 단독주택, 제1종 근린생활시설, 제2종 근린생활시설 1천m² 미만, 양수장 · 정수장 · 대피소 · 공중화장실로서 부지가 3천m² 미만인 것 설치 가능

03 농업진흥지역의 매수청구　　　　　▶ 농지 처분명령 후 매수청구는 공시지가

① 농업진흥지역의 농지를 소유하고 있는 농업인 또는 농업법인은 한국농어촌공사에 그 농지의 매수를 청구할 수 있다.

② 한국농어촌공사는 매수청구를 받으면 부동산 가격공시 및 감정평가에 관한 법률에 따른 **감정평가**법인 등이 평가한 **금액**을 기준으로 농지를 매수할 수 있다.

141 농지법령상 농업진흥지역에 관한 설명으로 틀린 것은?

① 농업진흥지역은 농림축산식품부장관이 지정하며, 지정대상지역은 녹지지역(특별시의 녹지지역은 제외한다)·관리지역·농림지역 및 자연환경보전지역이다.

② 농업보호구역은 농업진흥구역의 용수원 확보, 수질보전 등 농업환경을 보호하기 위하여 필요한 지역에 대하여 지정할 수 있다.

③ 1필지의 토지가 농업진흥구역과 농업보호구역에 걸치는 경우에는 농업진흥구역에 속하는 토지부분이 330m² 이하인 때에는 그 토지 부분에 대하여는 농업보호구역의 행위제한 규정을 적용한다.

④ 관광농원사업으로 설치하는 시설로서 부지가 2만m² 미만, 태양에너지 발전설비로서 부지가 1만m² 미만, 주말농원사업으로 설치하는 시설로서 그 부지가 3천m² 미만인 것은 농업보호구역에 설치할 수 있다.

⑤ 한국농어촌공사는 농업진흥지역의 농지를 소유하고 있는 농업인 또는 농업법인에게 매수청구를 받으면 감정평가법인 등이 평가한 금액을 기준으로 그 농지를 매수할 수 있다.

---

04 농지전용허가* [제14,15,16,18,23,24회]

다음의 경우를 제외하고는 농림축산식품부장관의 전용허가를 받아야 한다.

① 농지전용허가가 의제되는 협의를 거쳐 전용하는 경우
② 농지전용협의를 거친 농지나 협의대상에서 제외되는 농지를 전용하는 경우
③ 농지전용신고를 하고 농지를 전용하는 경우
④ 산지전용허가를 받지 아니하거나 신고 없이 불법으로 개간된 농지를 산림으로 복구
⑤ 하천관리청으로부터 허가를 받아 농지의 형질변경 등을 위하여 농지를 전용

05 농지전용협의

주무부**장관** 또는 **지방자치단체장**이 **농림축산식품부장관과** 농지전용에 관한 **협의** 하여야 한다.

06 농지전용신고 대상**

① 시장·군수·구청장에게 신고하여야 한다.
② 농어업인 주택(무주택 세대주 660m² 이하), 농축산업용 시설, 농수산물유통·가공시설, 공동생활편익시설(어린이놀이터·마을회관 등), 양어장·양식장, 시험·연구시설 등

142 농지법령상 농지전용신고대상으로 틀린 것은?

① 1가구 1주택인 세대주가 설치하는 세대당 $660m^2$ 이하의 농업인 주택

② 농수산물유통·가공시설의 설치를 위한 농지전용

③ 목욕장·구판장·운동시설의 설치를 위한 농지전용

④ 양어장·양식장 등 어업용시설 설치를 위한 농지전용

⑤ 어린이놀이터·마을회관 등 농업인의 공동생활 편의시설의 설치를 위한 농지전용

---

07 임의적 취소사유

① **거짓** 기타 부정한 방법으로 허가를 받거나 신고를 한 것이 판명된 경우

② 허가를 받거나 신고를 한 후에 정당한 사유 없이 2년 이상 사업에 착수하지 아니하는 경우나 농지 전용목적사업에 착수한 후 1년 이상 공사를 중단 : **전용허가를 취소할 수 있다.**

08 필수적 취소사유*

허가를 받은 자가 관계 공사중지 등 조치**명령을 위반한 경우 전용허가를 취소하여야 한다.**

09 타용도 일시사용허가

일정 기간 동안 사용한 후 농지로 복구하는 조건으로 시장·군수·구청장의 허가 ⇨ 예치된 복구비용은 사업시행자가 사업이 종료된 후 농지로의 복구계획을 이행하지 않는 경우 복구대행비로 사용할 수 있다.

대상 행위	사용기간	연장기간
간이 농수축산업용시설과 농수산물의 간이처리시설	7년 이내	5년 이내
주목적사업을 위한 현장 사무소나 부대시설	필요한 기간	필요한 기간
토석과 광물, 골재 등의 채취	5년 이내	3년 이내
타용도 일시사용신고[썰매장, 지역축제장]	6개월	연장×

✔ 태양에너지 발전설비의 용도로 일시사용 : 5년, 연장 : 18년. **1회 연장기간은 3년을 초과할 수 없다.**

정 답

1	2	3	4	5	6	7	8	9	10
③	④	②	②	②	②	⑤	②	②	①
11	12	13	14	15	16	17	18	19	20
②	①	⑤	②	②	⑤	⑤	①	④	③
21	22	23	24	25	26	27	28	29	30
④	②	③, ⑥	③	100%	④	②	⑤	④	①
31	32	33	34	35	36	37	38	39	40
⑤	①	①	①	⑤	⑤	①	②	⑤	①
41	42	43	44	45	46	47	48	49	50
③	③	③	②	③	①	⑤	①	①	②
51	52	53	54	55	56	57	58	59	60
⑤	③	③	④	⑤	②	①	②	②	②
61	62	63	64	65	66	67	68	69	70
③	②	②	③	①	①	①	④	②	⑤
71	72	73	74	75	76	77	78	79	80
④	④	②	②	④	①	③	⑤	①	②
81	82	83	84	85	86	87	88	89	90
①	③	③	⑤	②	①	①	②	③	③
91	92	93	94	95	96	97	98	99	100
③	②	⑤	⑤	③	②	⑤	④	⑤	④
101	102	103	104	105	106	107	108	109	110
④	④	③	⑤	④	①	④	②	④	②
111	112	113	114	115	116	117	118	119	120
④	④	④	④	①	①	①	②	⑤	①
121	122	123	124	125	126	127	128	129	130
②	②	①	④	①	③	⑤	④	⑤	⑤
131	132	133	134	135	136	137	138	139	140
③	③	④	④	①	④	④	②	⑤	②
141	142								
①	①								

2023 박문각 공인중개사

최성진 최종요약서 ②차 부동산공법

초판인쇄 | 2023. 8. 5. **초판발행** | 2023. 8. 10. **편저** | 최성진 편저
발행인 | 박 용 **발행처** | (주)박문각출판 **등록** | 2015년 4월 29일 제2015-000104호
주소 | 06654 서울시 서초구 효령로 283 서경빌딩 4층 **팩스** | (02)584-2927
전화 | 교재 주문 (02)6466-7202, 동영상문의 (02)6466-7201

저자와의
협의하에
인지생략

정가 19,000원
ISBN 979-11-6987-463-2